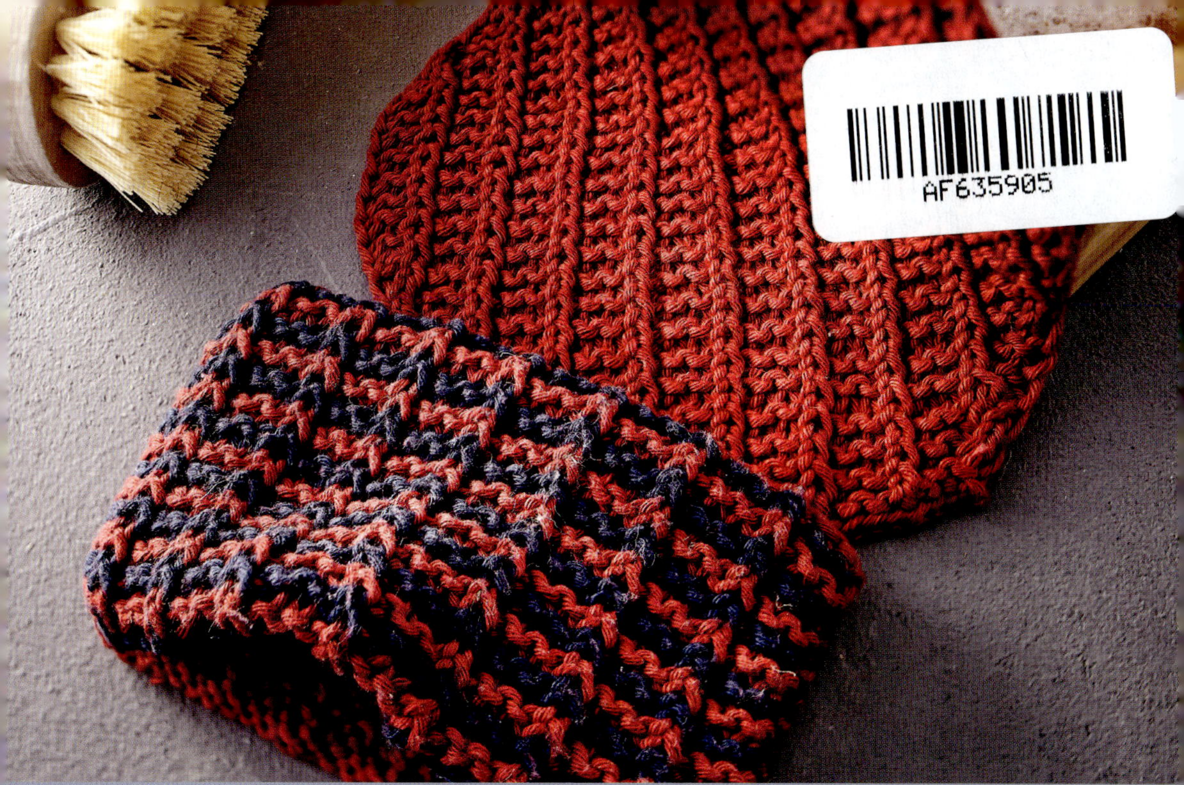

Ein nachhaltiger Trend, der Spaß macht!

Hat man einmal damit angefangen, lassen einen handgestrickte Spültücher nicht mehr los. Diese schnell hergestellten Küchenhelfer sind nachhaltig, originell und sehr dekorativ.

Das Thema Zero Waste ist längst im Handarbeitsbereich angekommen und so greife auch ich diesen Trend ein weiteres Mal auf. In meinem zweiten Spültücher-Buch finden Sie neben weiteren klassischen Tüchern auch Schwamm und Spülhandschuhe.

Zum Einsatz kommen sie überall dort, wo geputzt und gewaschen wird. Vor allem aber machen sie Spaß und sehen hübsch aus. Größe, Form und Farbe können dem persönlichen Geschmack angepasst werden, und da diese Tücher waschbar sind, lassen sie sich jederzeit wiederverwenden.

Ich wünsche Ihnen viel Freude beim Nacharbeiten meiner Tücher-Ideen.

Mit einer hübschen Einfassung gewinnt auch das einfachste Rechts-links-Muster.

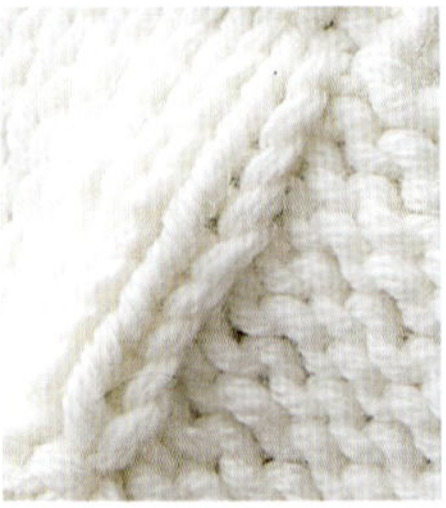

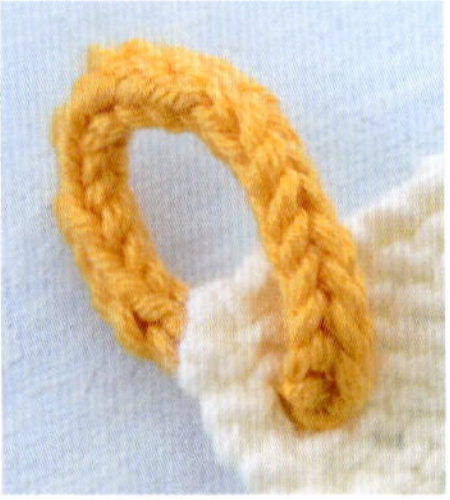

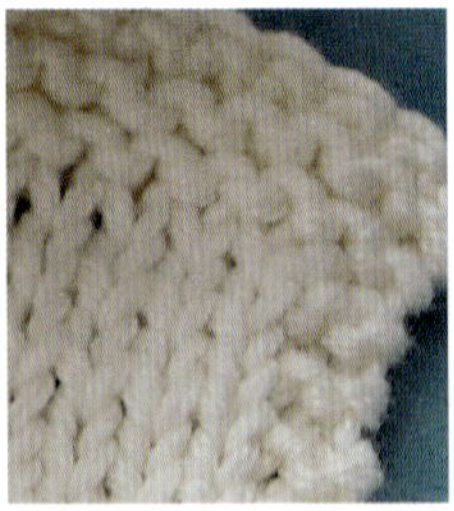

Anemone

im Dominomuster

GRÖSSE

26 cm x 29 cm

MATERIAL

- Lana Grossa Soft Cotton Big (LL 80 m/ 50 g) in Rohweiß (Fb 26), 50 g, und in Orange (Fb 33), Rest (ca. 2-3 m)
- Rundstricknadel 4,0 mm, 50-60 cm lang
- Wollnadel

MASCHENPROBE

Im Dominomuster mit Nd 4,0 mm 17 M und 24 R = 10 cm x 10 cm

Randmaschen

In jeder R die ersten und letzten 2 M rechts str.

Dominomuster

1. R (Hinr): 21 M rechts str, 21 M links str.
2. R (Rückr): Wie die 1. R str.
3.-10. R: Die 1. und 2. R 4x wdh.
11. R (Hinr): 21 M links str, 21 M rechts str.
12. R (Rückr): Wie die 11. R str.
13.-20. R: Die 11. und 12. R 4x wdh.
Die 1.-20. R fortlaufend wdh.

Anleitung

Mit der Aufhängerschlaufe beginnen. Dafür 3 M in Gelb anschl und eine Kordel von 20 R str. Die Kordel zur Hälfte legen und Anfang und Ende verbinden, sodass eine Schlaufe entsteht (siehe „So wird's gemacht").
46 M in Rohweiß anschl und 4 R rechte M str. Nun zwischen den jeweils 2 Rdm 70 R im Dominomuster arb. Dafür die 1.-20. R 3x str, dann noch 1x die 1.-10. R arb.
In der 71. R nach den beiden Rdm am R-Anfang die Schlaufe einstr. Dafür 2 M rechts str. Die Schlaufe auf die linke Nd legen und durch die Schlaufe 1 rechte M str. Bis zum R-Ende rechte M str. Noch 3 R rechte M str, dann alle M locker abk.

Fertigstellen

Alle Fäden vernähen. Das Tuch spannen oder etwas dämpfen, damit sich das Muster weniger zusammenzieht.

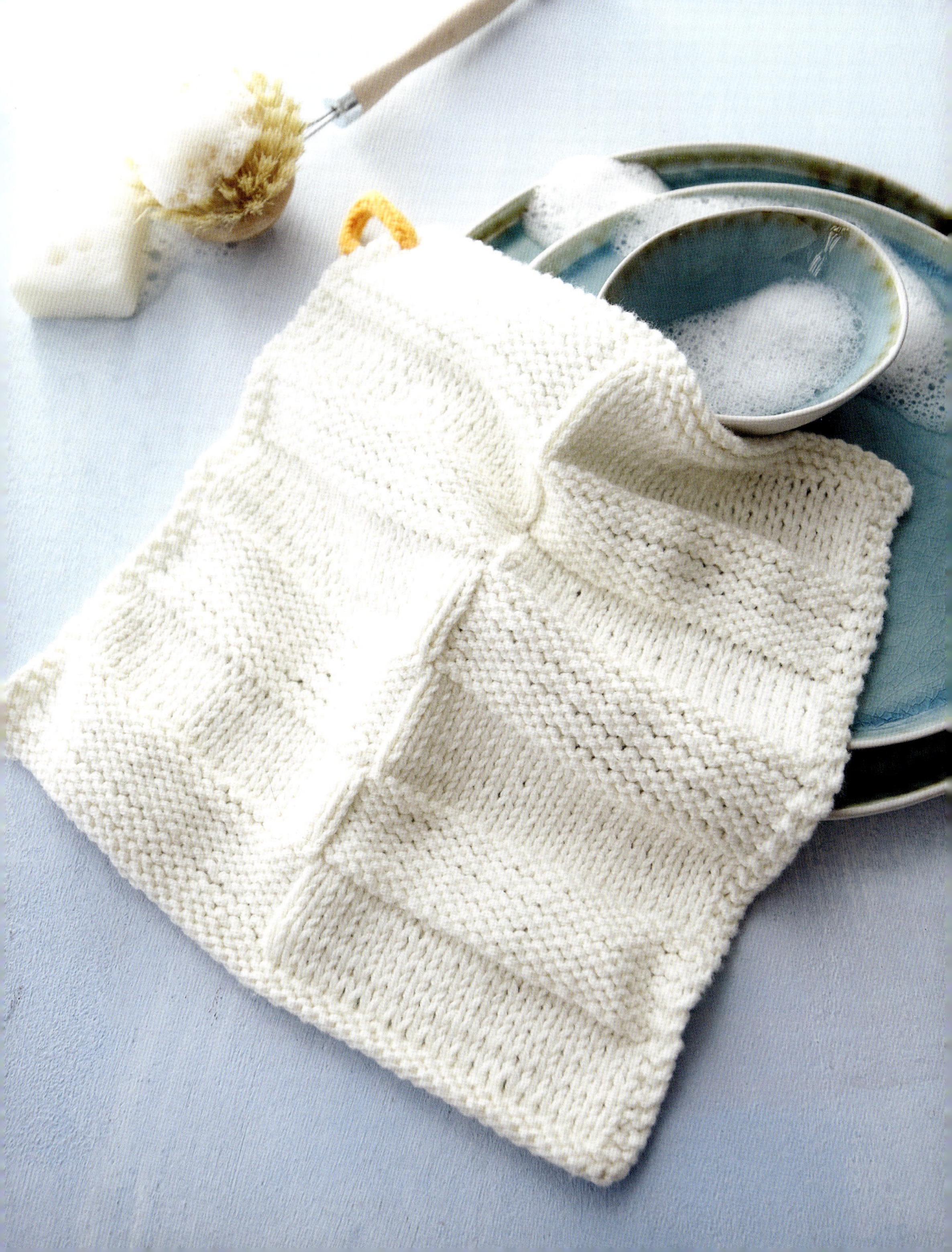

Dieses raffinierte, schräg verlaufende Muster zaubert eine tolle Struktur.

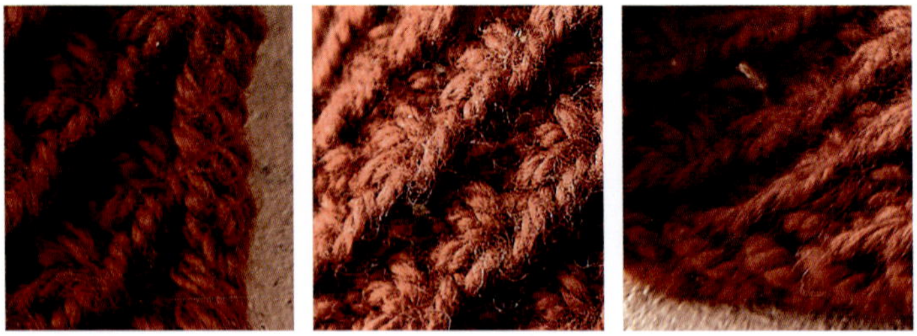

Dahlie

kleine Furchen

GRÖSSE
26 cm x 22 cm

MATERIAL
- Lang Yarns Tissa (LL 80 m/50 g) in Weinrot (Fb 162), 50 g
- Rundstricknadel 3,5 mm, 50-60 cm lang
- Wollnadel

MASCHENPROBE
Im Furchenmuster mit Nd 3,5 mm
26 M und 28 R
= 10 cm x 10 cm

Randmaschen

Die Rdm als Kettrand str (siehe „So wird's gemacht").

Furchenmuster

1. R (Hinr): * 3 M rechts verschränkt zusammenstr, aber noch nicht von der linken Nd gleiten lassen, 1 U, dann erneut die 3 M rechts verschränkt zusammenstr, nun von der Nd gleiten lassen, 1 M rechts, ab * fortlaufend wdh, enden mit 3 M rechts verschränkt zusammenstr, aber noch nicht von der linken Nd gleiten lassen, 1 U, dann erneut die 3 M rechts verschränkt zusammenstr, nun von der Nd gleiten lassen.
2. R (Rückr): Alle M links str.
3. R (Hinr): 2 M rechts, * 3 M rechts verschränkt zusammenstr, aber noch nicht von der linken Nd gleiten lassen, 1 U, dann erneut die 3 M rechts verschränkt zusammenstr, nun von der Nd gleiten lassen, 1 M rechts, ab * fortlaufend wdh, enden mit 1 M rechts.
4. R (Rückr): Alle M links str.
Die 1.-4. R fortlaufend wdh.

Anleitung

65 M in Weinrot anschl. Die Rdm durchgehend als Kettrand str. Zunächst 1 Hinr rechte M und 1 Rückr linke M str. Nun 48 R im Furchenmuster wie beschrieben arb. Zuletzt noch 1 Hinr rechte M und 1 Rückr linke M str. In der folgenden Hinr alle M locker abk.

Fertigstellen

Alle Fäden vernähen. Das Tuch spannen, um es in Form zu bringen, ggf. dabei etwas anfeuchten.

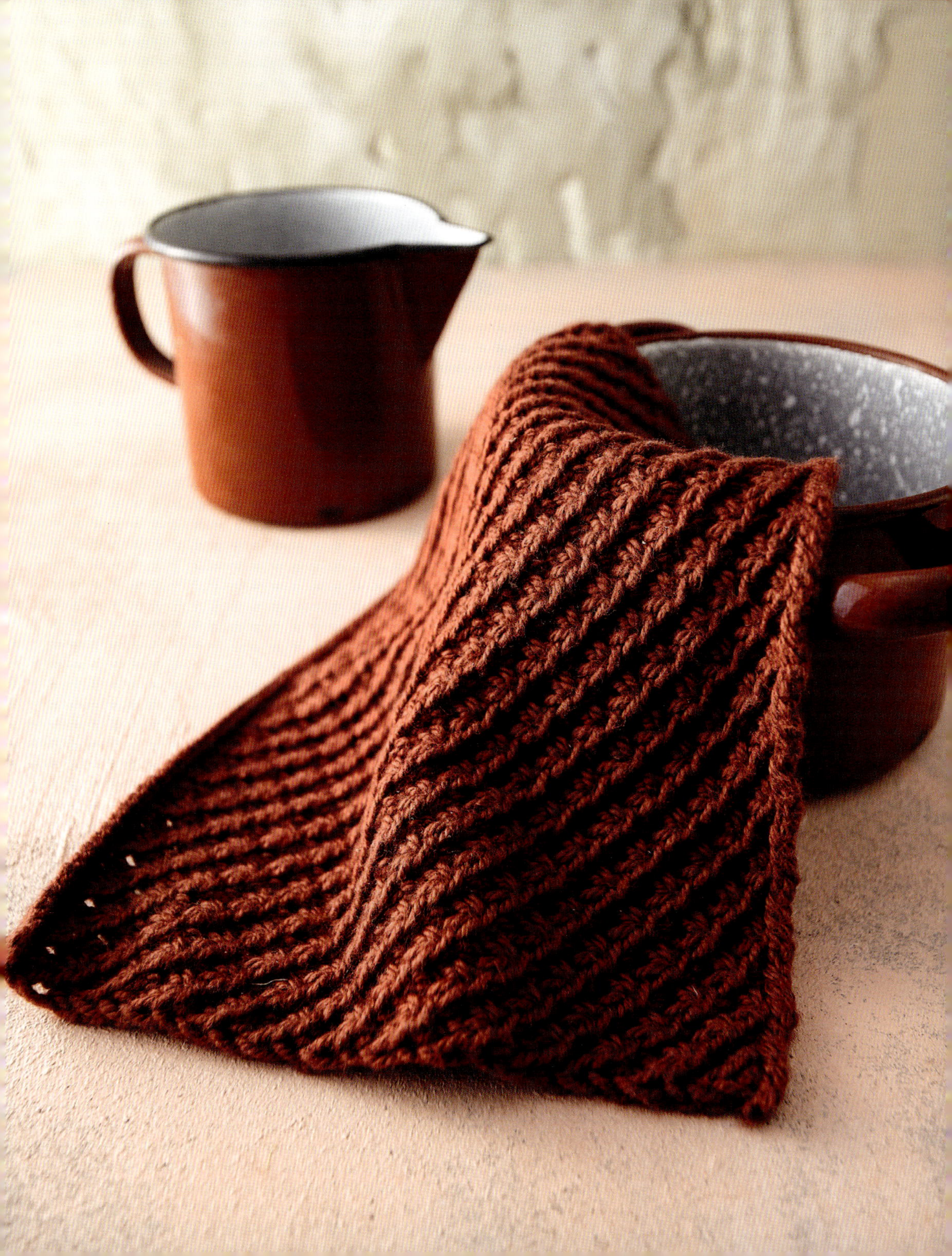

Dieses Lochmuster hat eine tolle Optik, ist aber ganz einfach zu stricken.

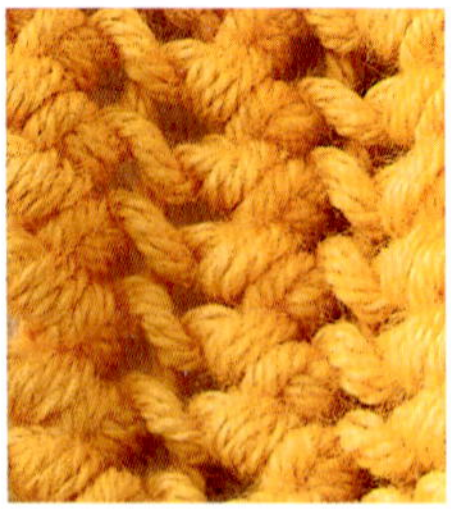

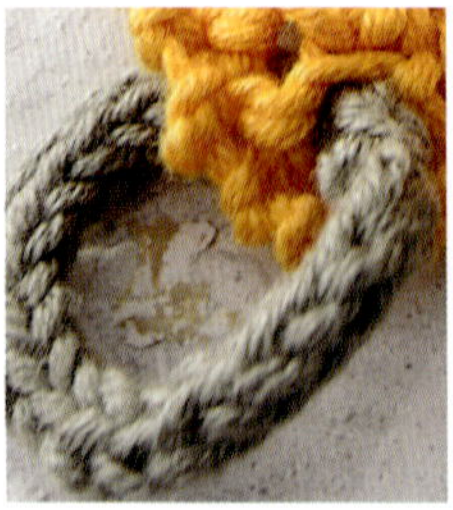

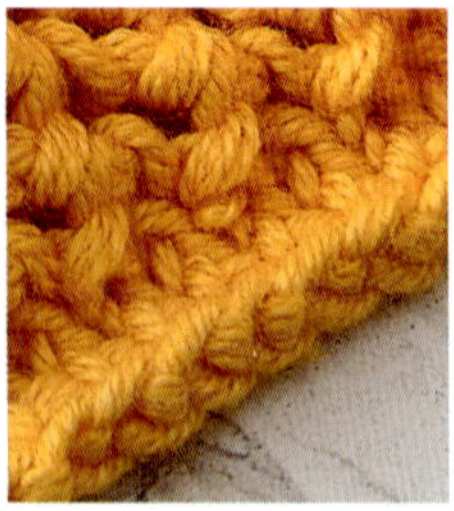

Ringelblume

feines Lochmuster

GRÖSSE
24 cm x 31 cm

MATERIAL

- Lana Grossa Soft Cotton Big (LL 80 m/ 50 g) in Orange (Fb 33), 50 g, und in Graugrün (Fb 13), Rest (ca. 2-3 m)
- Rundstricknadeln 3,5 mm und 3,0 mm, je 50-60 cm lang
- Wollnadel

MASCHENPROBE
Im Lochmuster mit Nd 3,0 mm
15 M und 31 R
= 10 cm x 10 cm

Randmaschen

Knötchenrand: In jeder R die erste und die letzte M rechts str.

Lochmuster

1. R (Hinr): * 2 M links zusammenstr, 1 U, ab * fortlaufend wdh, enden mit 1 M links.
2. R (Rückr): Wie die 1. R str.
Die 1. und 2. R fortlaufend wdh.

Anleitung

Mit der Aufhängerschlaufe beginnen. Dafür mit Nd 3,5 mm 3 M in Graugrün anschl und eine Kordel von 20 R str. Die Kordel zur Hälfte legen und Anfang und Ende verbinden, sodass eine Schlaufe entsteht (siehe „So wird's gemacht").
49 M in Gelb mit Nd 3,5 anschl. Die Rdm durchgehend als Knötchenrand str. Zunächst 1 Hinr rechte M und 1 Rückr linke M str.

Zu Nd 3,0 mm wechseln und 69 R (ca. 23 cm) im Lochmuster arb.

Hinweis: Die Struktur des Lochmusters ist insgesamt sehr locker, deshalb wird es mit einer halben Nd-Stärke kleiner gearbeitet.

In der 70. R nach der Rdm die Schlaufe einstr. Dafür zu Nd 3,5 mm wechseln und 3 M rechts str. Die Schlaufe auf die linke Nd legen und durch die Schlaufe 1 rechte M str. Bis zum R-Ende weiter rechte M arb. Noch 1 R linke M str, dann alle M locker abk.

Fertigstellen

Alle Fäden vernähen. Das Tuch spannen, um es in Form zu bringen, ggf. dabei etwas anfeuchten.

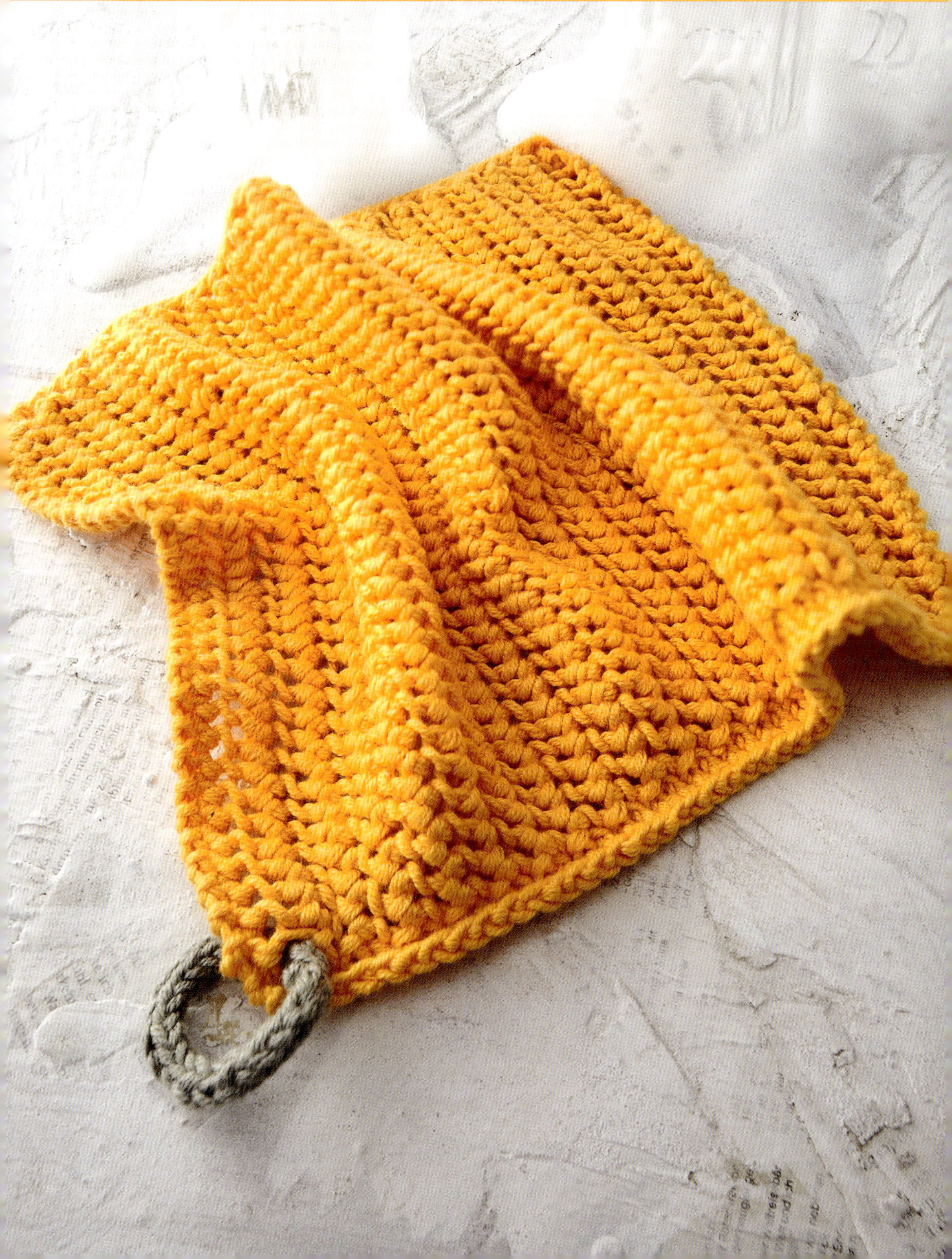

Es sieht fast aus wie gewebt: das regelmäßige Netzmuster ist ein echter Hingucker.

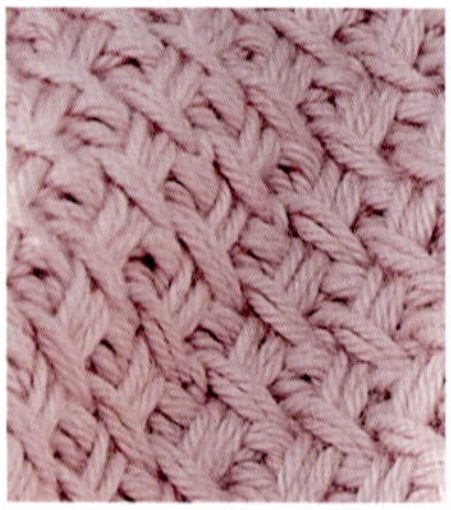

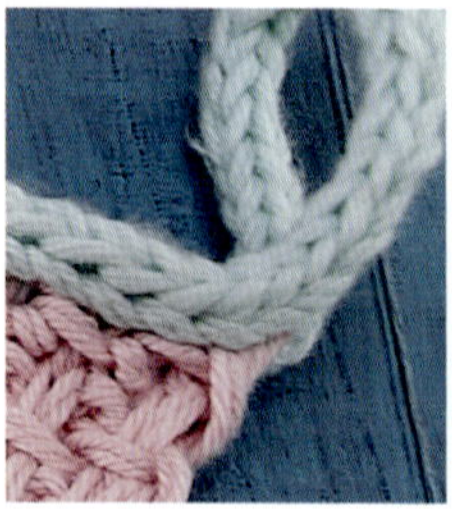

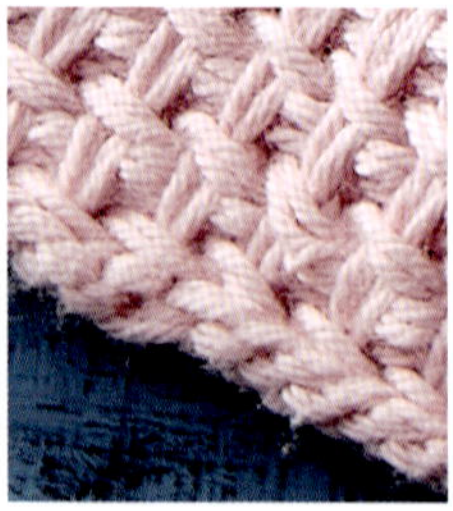

Rose

zartes Netzmuster

GRÖSSE
23 cm x 25 cm

MATERIAL
- Schachenmayr Baby Smiles Cotton (LL 92 m/25 g) in Rosa (Fb 1035), 50 g, und in Mint (Fb 1066), Rest
- Rundstricknadel 3,5 mm, 50-60 cm lang
- Wollnadel

MASCHENPROBE
Im Netzmuster mit überzogenen Umschlägen mit Nd 3,5 mm
24 M und 42 R
= 10 cm x 10 cm

Randmaschen

Die Rdm als Kettrand str (siehe „So wird's gemacht").

Netzmuster mit überzogenen Umschlägen

1. R (Hinr): * 1 U, 1 M wie zum Linksstr abheben, dabei den Faden hinter der M weiterführen, 1 M links, den U über beide M ziehen, ab * fortlaufend wdh.
2. R (Rückr): * 1 M rechts, 1 M wie zum Linksstr abheben, dabei den Faden vor der M weiterführen, ab * fortlaufend wdh.
3. R (Hinr): * 1 M wie zum Linksstr abheben, dabei den Faden hinter der M weiterführen, 1 M links, ab * fortlaufend wdh.
4. R (Rückr): Alle M links str.
Die 1.-4. R fortlaufend wdh.

Anleitung

Hinweis: Es wird durchgehend mit doppeltem Faden gearbeitet.

54 M in Rosa anschl. Die Rdm durchgehend als Kettrand arb. Zunächst 1 Hinr rechte M und 1 Rückr linke M str. Nun 96 R (ca. 23 cm) im Netzmuster mit überzogenen Umschlägen str, dazu die 1.-4. R des Musters insgesamt 24x arb. Anschließend 1x die 1. R des Musters str, dabei am Ende der R 3 M zusätzlich anschl. Die Arbeit wenden und mit einem Kordelrand in Mint abk (siehe „So wird's gemacht"), bis noch 3 M auf der linken Nd liegen. Mit den restlichen 3 M für den Aufhänger eine Kordel in Mint str (siehe „So wird's gemacht") und an das Tuch nähen.

Fertigstellen

Alle Fäden vernähen. Das Tuch spannen, um es in Form zu bringen, ggf. dabei etwas anfeuchten.

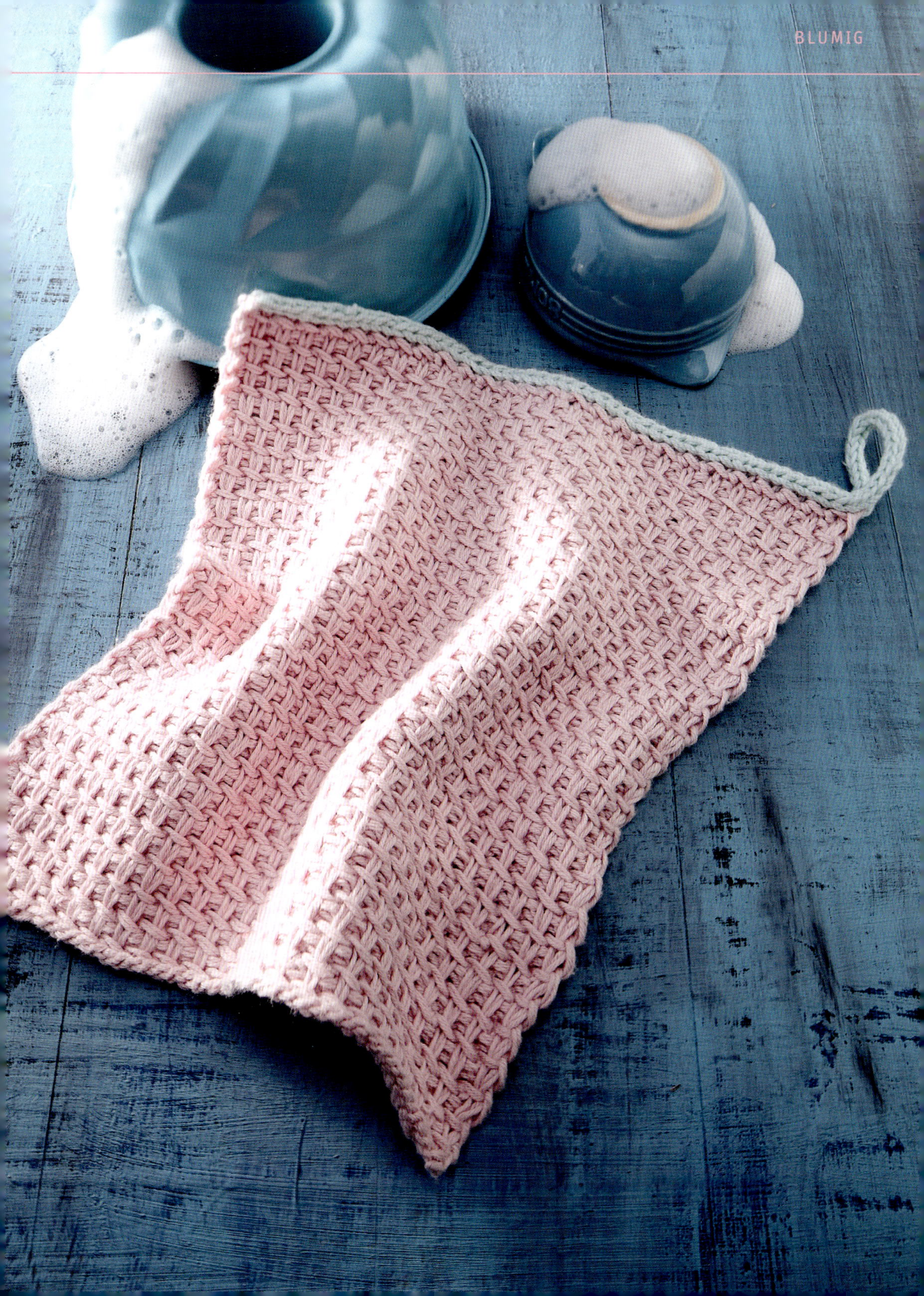

Die kleinen Schlaufen, die sich schräg aneinanderreihen, machen das Muster abwechslungsreich.

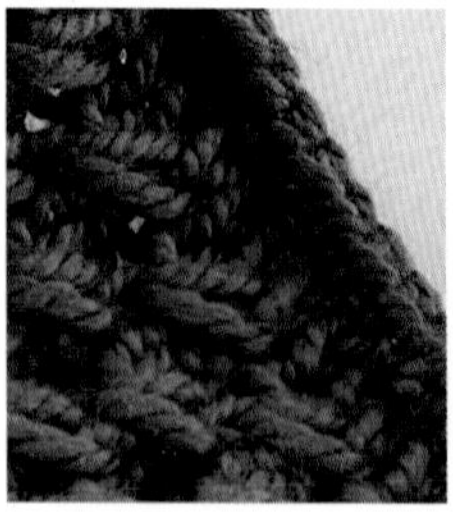
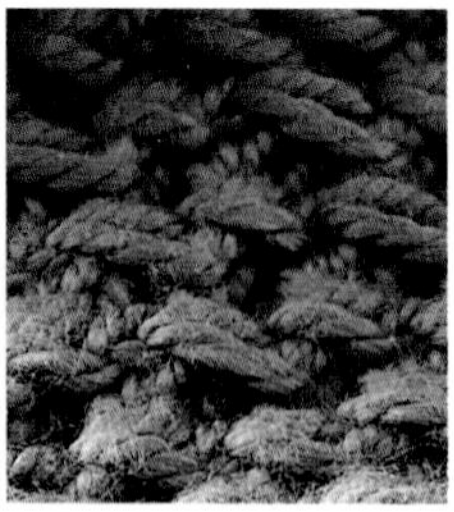
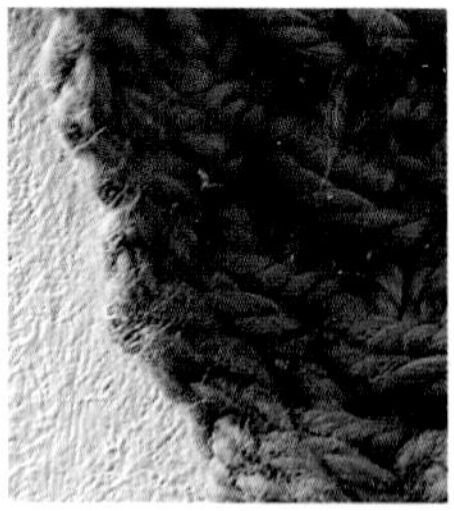

Frauenmantel

Vogelfüßchenmuster

GRÖSSE
26 cm x 20 cm

MATERIAL

- Lang Yarns Tissa (LL 80 m/50 g) in Salbei (Fb 192), 50 g
- Rundstricknadel 3,5 mm, 50-60 cm lang
- Wollnadel

MASCHENPROBE
Im Vogelfüßchenmuster mit Nd 3,5 mm
23 M und 25 R
= 10 cm x 10 cm

Randmaschen

Die Rdm als Kettrand str (siehe „So wird's gemacht").

Vogelfüßchenmuster

1. R (Hinr): *In die 3. M der linken Nd von rechts nach links unterhalb der Nd einstechen und den Arbeitsfaden von hinten holen. Nun die 1. M der linken Nd rechts verschränkt str. Anschließend die 2. M der linken Nd rechts verschränkt str. Dabei die zuerst gestrickte M von der linken Nd gleiten lassen. Ab* fortlaufend wdh.
2. R (Rückr): Alle M links str.
3. R (Hinr): 1 M rechts, *in die 3. M der linken Nd von rechts nach links unterhalb der Nd einstechen und den Arbeitsfaden von hinten holen. Nun die 1. M der linken Nd rechts verschränkt str. Anschließend die 2. M der linken Nd rechts verschränkt str. Dabei die zuerst gestrickte M von der linken Nd gleiten lassen. Ab* fortlaufend wdh.
4. R (Rückr): Alle M links str.
Die 1.-4. R fortlaufend wdh.

Anleitung

68 M in Salbei anschl. Die Rdm durchgehend als Kettrand arb. Zunächst 1 Hinr rechte M und 1 Rückr linke M str. Nun 40 R im Vogelfüßchenmuster arb. Anschließend noch 1 Hinr rechte M und 1 Rückr linke M str. In der folgenden Hinr alle M locker abk.

Fertigstellen

Alle Fäden vernähen. Das Tuch spannen, um es in Form zu bringen, ggf. dabei etwas anfeuchten.

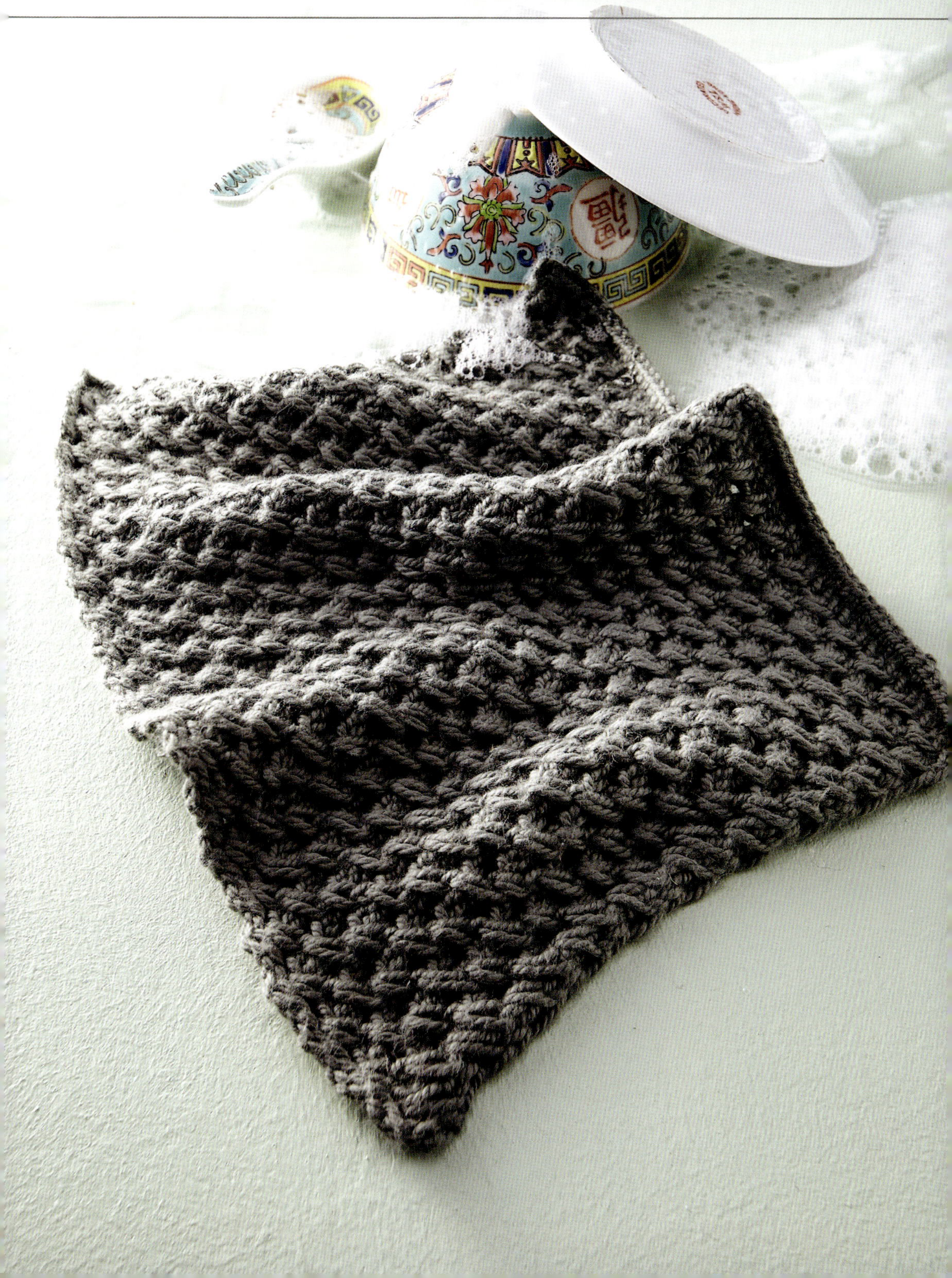

Diese markante Struktur ist supergriffig und lässt sich ganz einfach stricken.

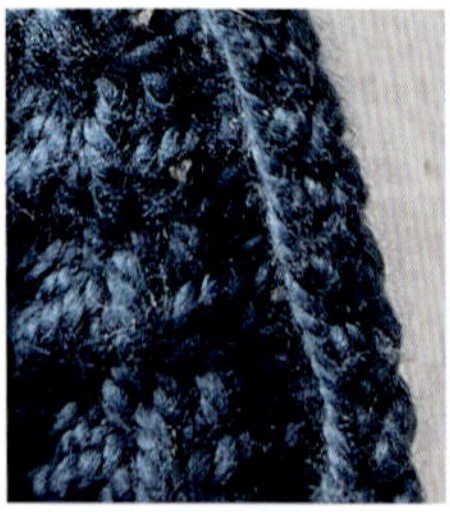
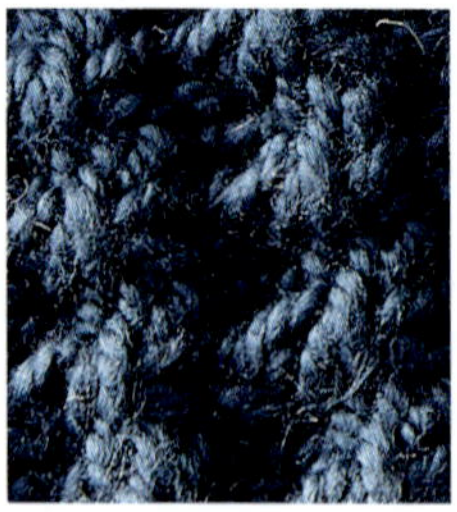
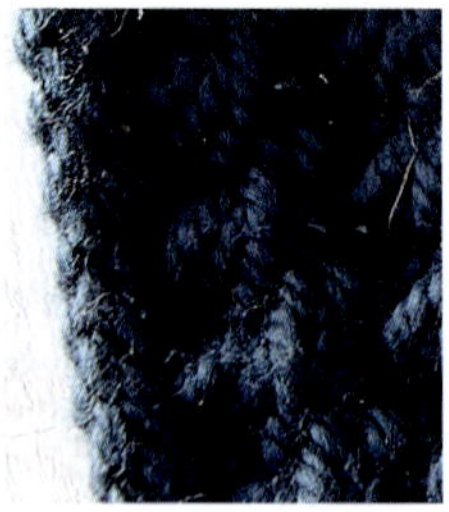

Enzian

Kästchen an Kästchen

GRÖSSE
26 cm x 20 cm

MATERIAL
- Lang Yarns Tissa (LL 80 m/50 g) in Petrol (Fb 188), 50 g
- Rundstricknadel 3,5 mm, 50-60 cm lang
- Wollnadel

MASCHENPROBE
Im Kästchenmuster mit Nd 3,5 mm
22 M und 38 R
= 10 cm x 10 cm

Randmaschen

Die Rdm als Kettrand str (siehe „So wird's gemacht").

Kästchenmuster

1. R (Hinr): Alle M rechts str.
2. R (Rückr): * 1 M links, 1 U, ab * fortlaufend wdh, enden mit 1 M links.
3. R (Hinr): * 1 M links, 3 M rechts verschränkt zusammenstr, ab * fortlaufend wdh, enden mit 1 M links.
4. R (Rückr): * 1 M rechts, 1 M wie zum Linksstr abheben mit dem Faden hinter der Nd, ab * fortlaufend wdh, enden mit 1 M rechts.
5. R (Hinr): * 1 M links, 1 M wie zum Linksstr abheben mit dem Faden hinter der Nd, ab * fortlaufend wdh, enden mit 1 M links.
6. R (Rückr): Alle M links str.
Die 1.-6. R fortlaufend wdh.

Anleitung

53 M in Petrol anschl. Die Rdm durchgehend als Kettrand Zunächst 1 Hinr rechte M und 1 Rückr linke M str.
Nun 66 R im Kästchenmuster arb.
Zuletzt noch 1 Hinr rechte M und 1 Rückr linke M str. In der folgenden Hinr alle M locker abk.

Fertigstellen

Alle Fäden vernähen. Das Tuch spannen, um es in Form zu bringen, ggf. dabei etwas anfeuchten.

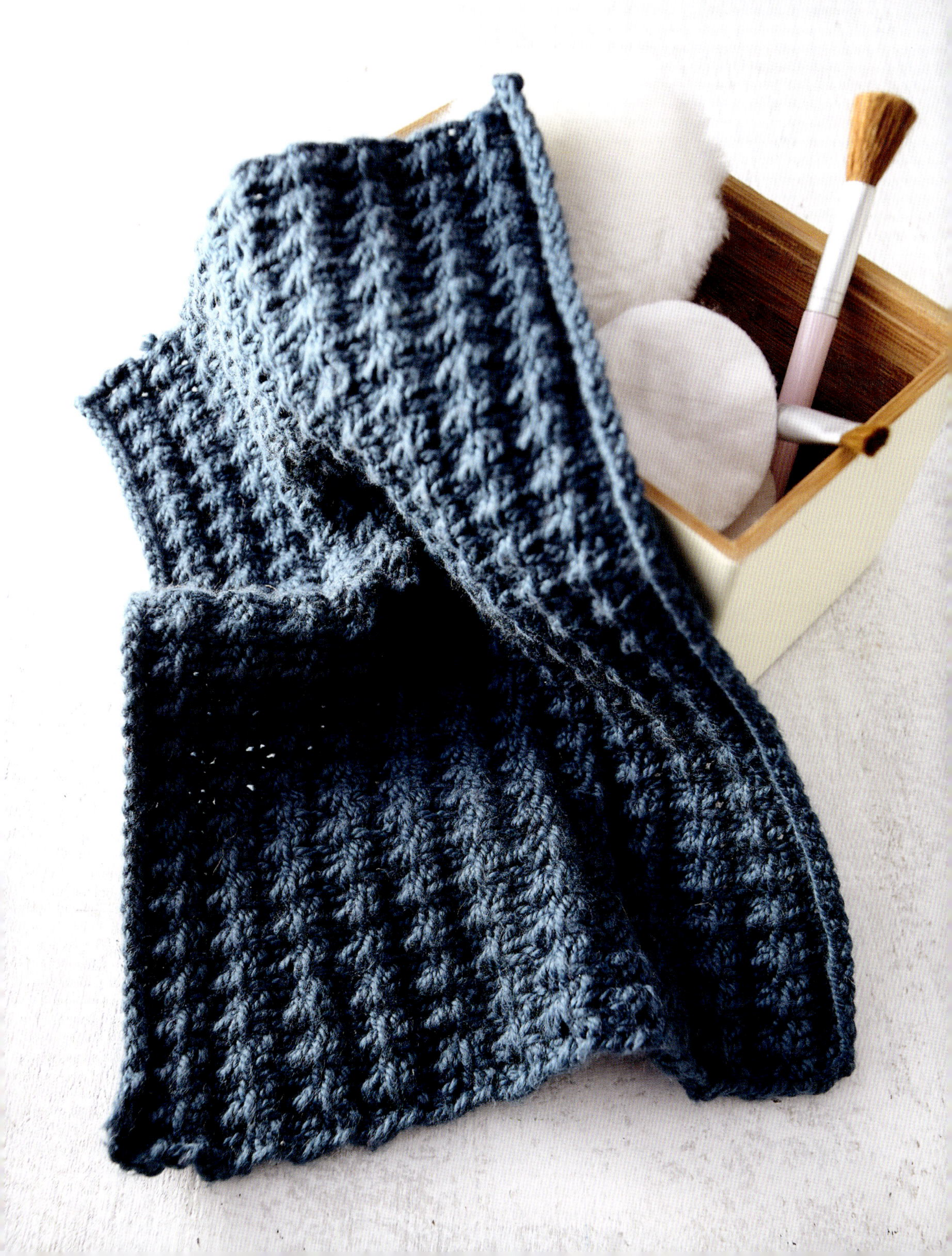

Ein Muster mit ungewöhnlicher Strickweise, aber einzigartiger Optik.

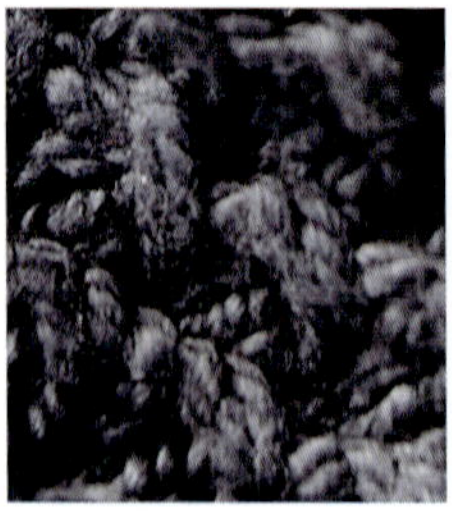

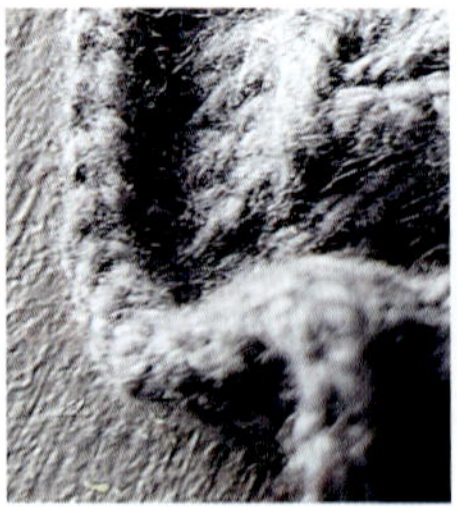

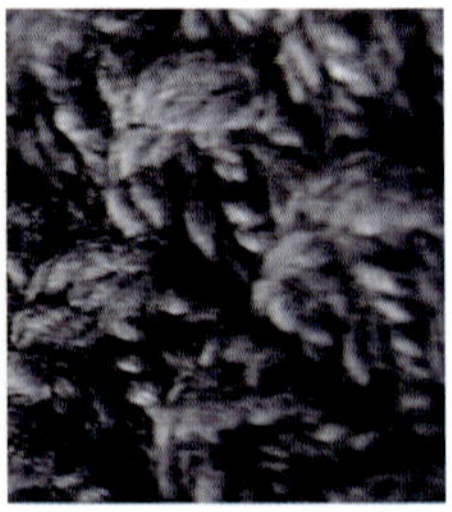

Pusteblume

griffige Waben

GRÖSSE

25 cm x 21 cm

MATERIAL

- Lang Yarns Tissa (LL 80 m/50 g) in Dunkelgrau (Fb 05), 50 g
- Rundstricknadel 3,5 mm, 50-60 cm lang
- Wollnadel

MASCHENPROBE

Im Wabenmuster mit Nd 3,5 mm 23 M und 25 R = 10 cm x 10 cm

Randmaschen

Die Rdm als Kettrand str (siehe „So wird's gemacht").

Wabenmuster

1. R (Hinr): 3 M rechts, * 3 M nach links zählen, unterhalb der linken Nd (zwischen der 3. und 4. M) einstechen und den Arbeitsfaden von hinten holen und auf die linke Nd legen. Diese neu entstandene M mit der folgenden M der linken Nd rechts verschränkt zusammenstr, 3 M rechts, ab * fortlaufend wdh, enden mit 2 M rechts.
2. R (Rückr): Alle M links str.
3. R (Hinr): 1 M rechts, * 3 M nach links zählen, unterhalb der linken Nd (zwischen der 3. und 4. M) einstechen und den Arbeitsfaden von hinten holen und auf die linke Nd legen. Diese neu entstandene M mit der folgenden M der linken Nd rechts verschränkt zusammenstr, 3 M rechts, ab * fortlaufend wdh, enden mit 1 M rechts.
4. R (Rückr): Alle M links str.
Die 1.-4. R fortlaufend wdh.

Anleitung

59 M in Dunkelgrau anschl. Die Rdm durchgehend als Kettrand str. Zunächst 1 Hinr rechte M und 1 Rückr linke M str. Nun 44 R im Wabenmuster arb. Zuletzt noch 1 Hinr rechte M und 1 Rückr linke M str. In der folgenden Hinr alle M locker abk.

Fertigstellen

Alle Fäden vernähen. Das Tuch spannen, um es in Form zu bringen, ggf. dabei etwas anfeuchten.

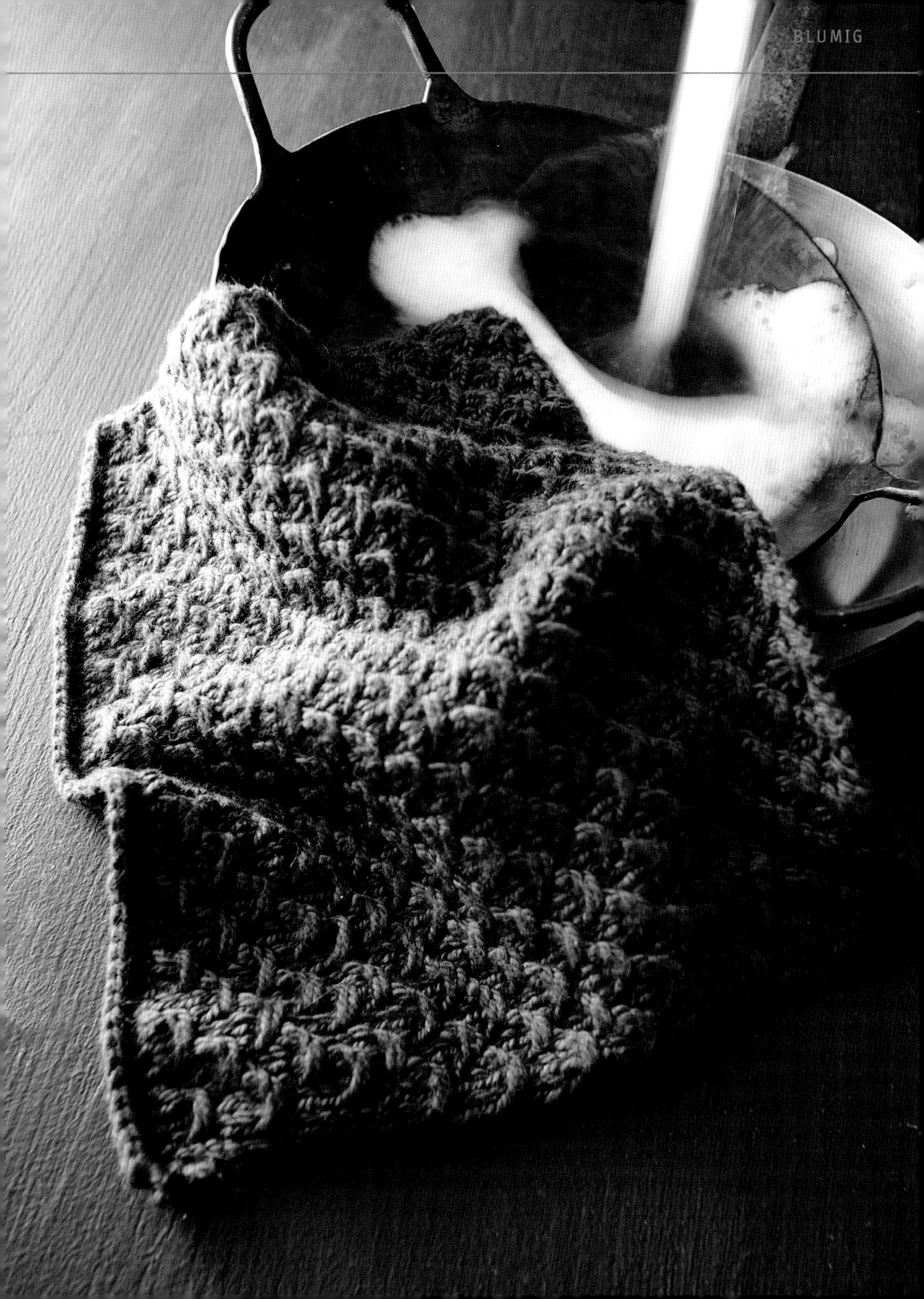

Gelbling

sonnige Struktur

GRÖSSE
18 cm x 13 cm

MATERIAL
- Lang Yarns Tissa (LL 80 m/50 g) in Grau (Fb 58), Mais (Fb 43) und Hellgelb (Fb 49), je 50 g
- Nadelspiel 3,5 mm
- Maschenmarkierer
- Faden in Kontrastfarbe, ca. 50 cm
- Wollnadel

MASCHENPROBE
Im zweifarbigen Umschlagmuster mit Nd 3,5 mm
23 M und 25 R
= 10 cm x 10 cm

Glatt rechts

In Rd alle M rechts str.

Zweifarbiges Umschlagmuster

1. Rd (Mais): * 1 U, 2 M rechts, den U über die beiden M ziehen, ab * fortlaufend wdh.
2. Rd (Hellgelb): 1 M rechts, * 1 U, 2 M rechts, den U über die beiden M ziehen, ab * fortlaufend wdh, enden mit 1 U, 1 M rechts. Den M-Markierer, der den Rd-Anfang markiert, entfernen. Die 1. M auf die rechte Nd heben, den U über die letzte und 1. M heben. Nun die letzte M der rechten Nd zurück auf die linke Nd legen. M-Markierer setzen.
Die 1. und 2. Rd fortlaufend wdh.

Anleitung

60 M in Grau anschl, gleichmäßig auf 4 Spielnd verteilen und zur Rd schließen. Den Rd-Anfang mit einem M-Markierer kennzeichnen. 11 Rd glatt rechts str. In der 12. Rd die M der Anschlagkante mit den M der letzten Rd zusammenstr, sodass ein doppeltes Bündchen entsteht. Dazu das Strickstück zur Hälfte legen, die Anschlagkante liegt dabei hinten. Die linke Seite zeigt nach innen. Mit der rechten Nd in die letzte M des Anschlags (= die M rechts vom Anschlagfaden) einstechen und diese auf die linke Nd heben. Nun die aufgenommene M und die folgende M der zuletzt gestrickten Rd rechts zusammenstr. Wichtig: Die 1. aufgenommene M muss die letzte M des M-Anschlags sein, da sich das Bündchen sonst verzieht. Jetzt mit der rechten Nd in die nun folgende M des M-Anschlags einstechen, diese auf die linke Nd heben und mit der nächsten M der zuletzt gestrickten Rd zusammenstr. Diesen Vorgang bis zum Ende der Rd wdh.
Nun 40 Rd im zweifarbigen Umschlagmuster arb, dazu die 1. und 2. Rd des Umschlagmusters 20x str. Dann alle M auf den Kontrastfaden fädeln und das Strickstück auf links drehen. Je 30 M auf eine Nd des Ndspiels legen, die Nd parallel legen und die beiden Kanten wie folgt zusammen abk: Die 1. M der hinteren Nd auf die vordere Nd nehmen und diese beiden M rechts verschränkt zusammenstr. * Wieder die 1. M der hinteren Nd auf die vordere Nd heben und die ersten beiden M rechts verschränkt zusammenstr. Nun die 1. M der rechten Nd über die 2. M ziehen. Ab * fortlaufend wdh, bis alle M abgekettet sind.
Für den Aufhänger den Handschuh auf links drehen. Seitlich 3 M aus der Kante des doppelten Bündchens herausstr. Aus diesen 3 M eine Kordel von 22 R str (siehe „So wird's gemacht"). Nun den Rest des Anschlagfadens durch die 3 M ziehen, sodass eine Schlaufe entsteht. Mit dem Rest des Arbeitsfadens verknoten und die Fäden vernähen.

Fertigstellen

Alle Fäden vernähen. Den Handschuh wieder auf rechts drehen und in Form ziehen, ggf. dabei etwas anfeuchten.

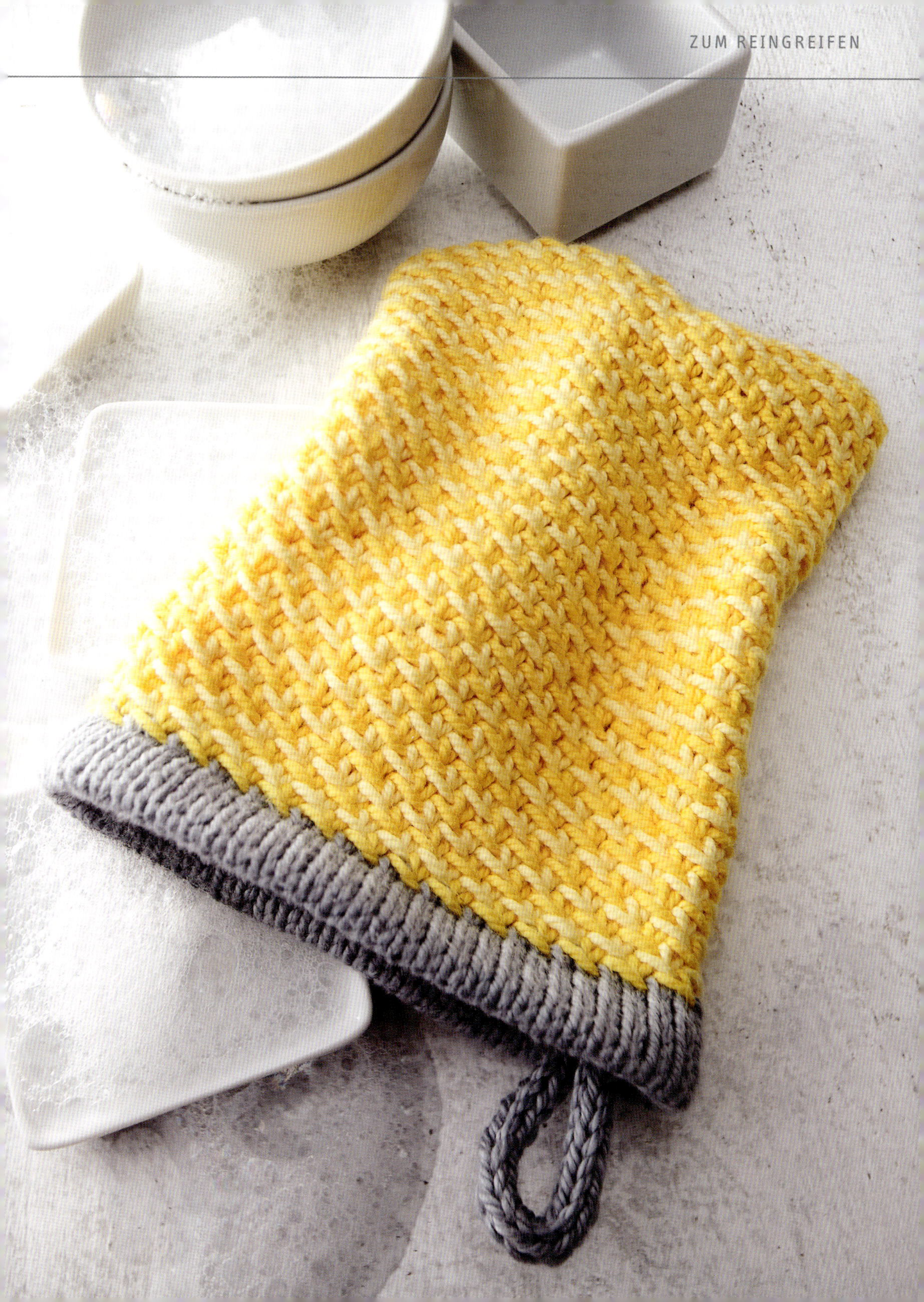

Rechts verschränkte Maschen sorgen für den kleinen, feinen Unterschied im Rippenmuster.

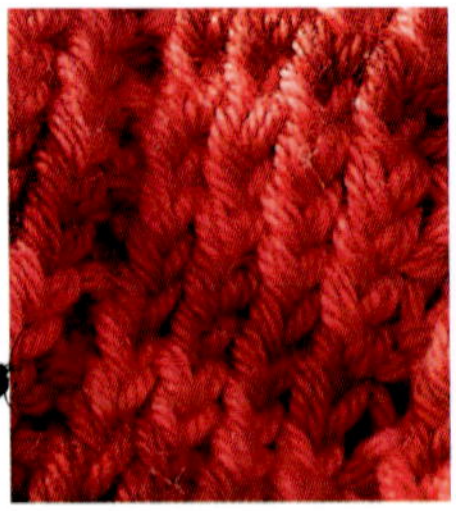

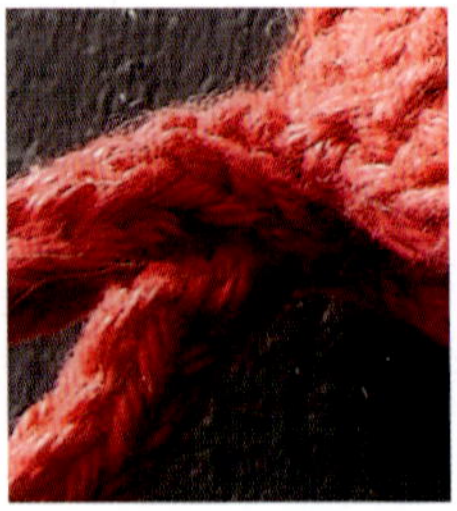

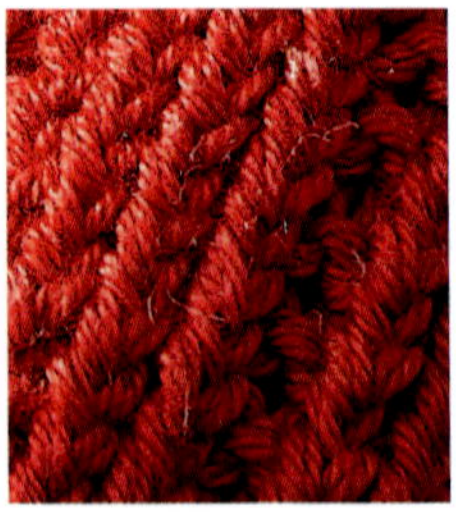

Kardinal

farbenkräftige Rippen

GRÖSSE
21 cm x 16 cm

MATERIAL

- Lang Yarns Quattro (LL 120 m/50 g) in Rost (Fb 87) und Pink (Fb 65), je 50 g
- Nadelspiel 4,0 mm
- Maschenmarkierer
- Wollnadel

MASCHENPROBE
Im Rippenmuster mit Nd 4,0 mm und doppeltem Faden 22 M und 28 R = 10 cm x 10 cm

Rippenmuster

1. Rd: * 4 M rechts verschränkt, 1 M links, ab * fortlaufend wdh.
2. Rd: * 4 M rechts verschränkt, 1 M rechts, ab * fortlaufend wdh.
Die 1. und 2. Rd fortlaufend wdh.

Anleitung

Hinweis: Es wird durchgehend mit doppeltem Faden gestrickt.

Eine Kordel über 3 M und 87 R in Pink str (siehe „So wird's gemacht"). 20 R nach unten zählen (sie ergeben die Schlaufe) und 67 M aus der Kordel herausstr (= insgesamt 70 M). Die Arbeit zur Rd schließen. Den Rd-Anfang mit einem M-Markierer kennzeichnen. 1 Rd rechte M str.
Zu Rost wechseln und 36 Rd im Rippenmuster str.
Zu Pink wechseln und 1x die 1. und 2. Rd des Rippenmusters arb.
Zu Rost wechseln und 1x die 1. und 2. Rd des Rippenmusters str.
Zu Pink wechseln und 2x die 1. und 2. Rd des Rippenmusters str.
Zu Rost wechseln und die 1. Rd des Rippenmusters arb.
Zu Pink wechseln und 1x die 2. Rd des Rippenmusters str. Anschließend noch 2x die 1. und 2. Rd des Rippenmusters arb.
Den Handschuh auf links drehen und je 35 M auf eine Nd des Ndspiels legen, die Nd parallel legen und die beiden Kanten wie folgt zusammen abk: Die 1. M der hinteren Nd auf die vordere Nd nehmen und diese beiden M rechts verschränkt zusammenstr. * Wieder die 1. M der hinteren Nd auf die vordere Nd heben und die ersten beiden M rechts verschränkt zusammenstr. Nun die 1. M der rechten Nd über die 2. M ziehen. Ab * fortlaufend wdh, bis alle M abgekettet sind.

Fertigstellen

Alle Fäden vernähen. Den Handschuh wieder auf rechts drehen und in Form ziehen, ggf. dabei etwas anfeuchten.

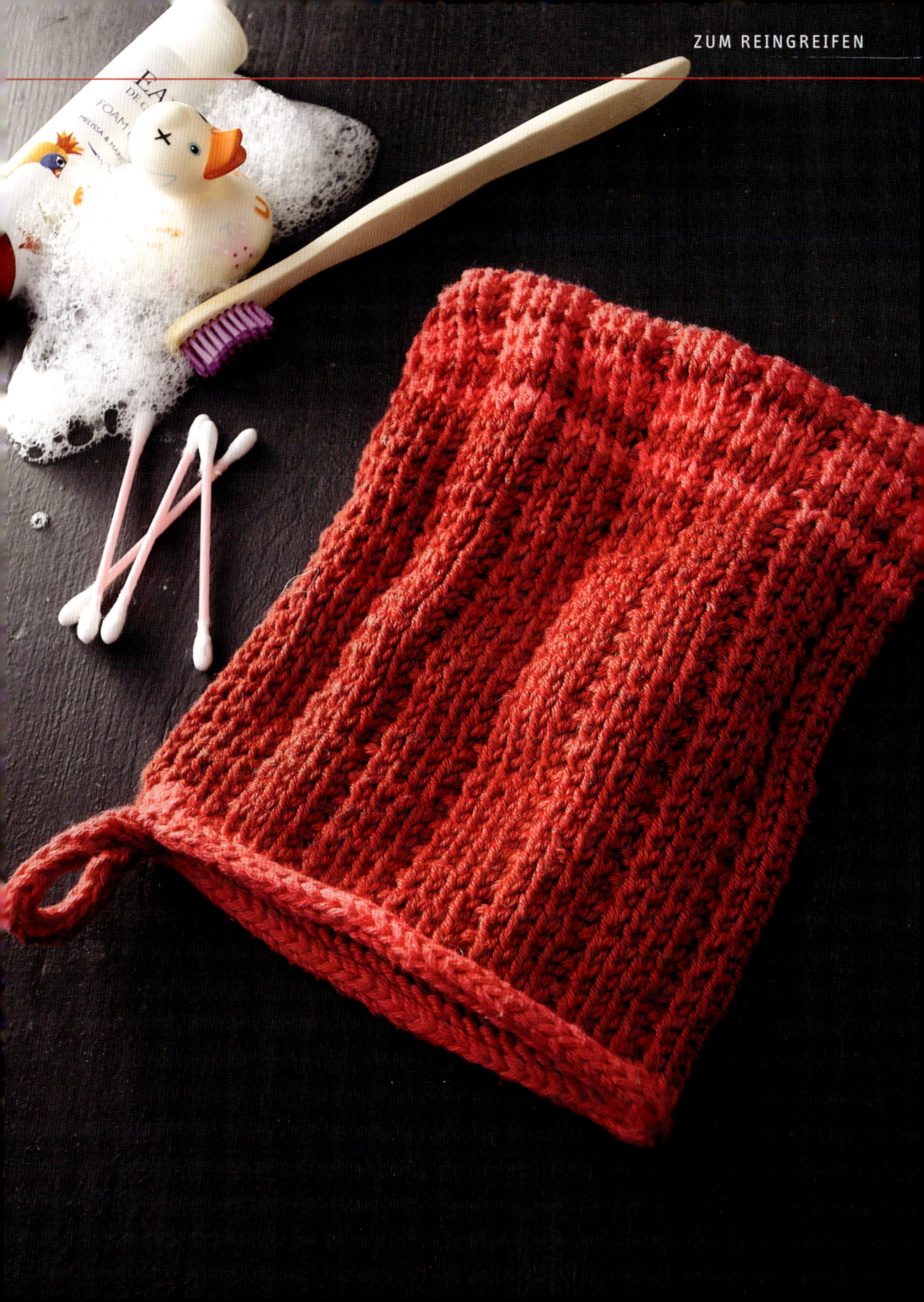

Halbschatten

edle Hebemaschen

GRÖSSE

18 cm x 15 cm

MATERIAL

- Lang Yarns Tissa (LL 80 m/50 g) in Altrosa (Fb 148) und Hellrosa (Fb 119), je 50 g
- Nadelspiel 3,5 mm oder Rundstricknadel 3,5 mm, 40 cm lang
- Maschenmarkierer
- Wollnadel
- Lederlabel (ersatzweise Leder- oder Stoffstreifen, 6,5 cm lang)

MASCHENPROBE

Im Hebemaschenmuster mit Nd 3,5 mm 25 M und 37 R = 10 cm x 10 cm

Hebemaschenmuster

1. Rd: * 3 M rechts, 1 M wie zum Linksstr abheben, dabei den Faden hinter der M weiterführen, ab * fortlaufend wdh.

2. Rd: Wie die 1. Rd str.

3. Rd: 1 M rechts, 1 M wie zum Linksstr abheben, dabei den Faden hinter der M weiterführen, * 3 M rechts, 1 M wie zum Linksstr abheben, dabei den Faden hinter der M weiterführen, ab * fortlaufend wdh, enden mit 2 M rechts.

4. Rd: Wie die 3. Rd str.

Die 1.-4. Rd fortlaufend wdh.

Anleitung

Der Handschuh wird an der offenen Seite begonnen.

72 M in Altrosa anschl, gleichmäßig auf 4 Spielnd verteilen und zur Rd schließen. Den Rd-Anfang mit einem M-Markierer kennzeichnen. Zunächst 3 Rd 1 M rechts, 1 M links im Wechsel str. Anschließend 9x die 1.-4. Rd des Hebemaschenmusters str. Zu Hellrosa wechseln und 8x die 1.-4. Rd des Hebemaschenmusters str.

Jetzt jeweils 36 M auf 2 Nd des Ndspiels nehmen und die Kante im M-Stich wie folgt schließen: Die 2 Nd parallel voreinander legen. Den Faden zum Vernähen in eine Woll-Nd fädeln, er sollte ca. 3x so lang sein wie die zu schließende Kante. Nun in die 1. M der vorderen Nd von rechts nach links einstechen. Anschließend in die 1. M der hinteren Nd von links nach rechts einstechen und den Faden durchziehen. Nun den Faden ein zweites Mal von rechts nach links durch die 1. M der vorderen Nd ziehen und von beiden Nd jeweils die 1. M herunterschieben. * Jetzt in die 1. M der vorderen Nd von rechts nach links einstechen und in die nun 1. M der hinteren Nd von links nach rechts einstechen. Anschließend ein zweites Mal in die 1. M der vorderen Nd, nun aber von links nach rechts einstechen und die M von der Nd gleiten lassen. In die jetzt 1. M der vorderen Nd von rechts nach links einstechen und die M auf der Nd behalten. In die 1. M der hinteren Nd ebenfalls von rechts nach links einstechen und die M von der Nd gleiten lassen. In die nun 1. M der hinteren Nd nun von links nach rechts einstechen und die M auf der Nd belassen. Ab * wdh, bis alle M vernäht sind.

Fertigstellen

Alle Fäden vernähen. Den Handschuh in Form ziehen, ggf. dabei etwas anfeuchten. Als Aufhänger ein Lederlabel annähen, ersatzweise ein Leder- oder Stoffband verwenden.

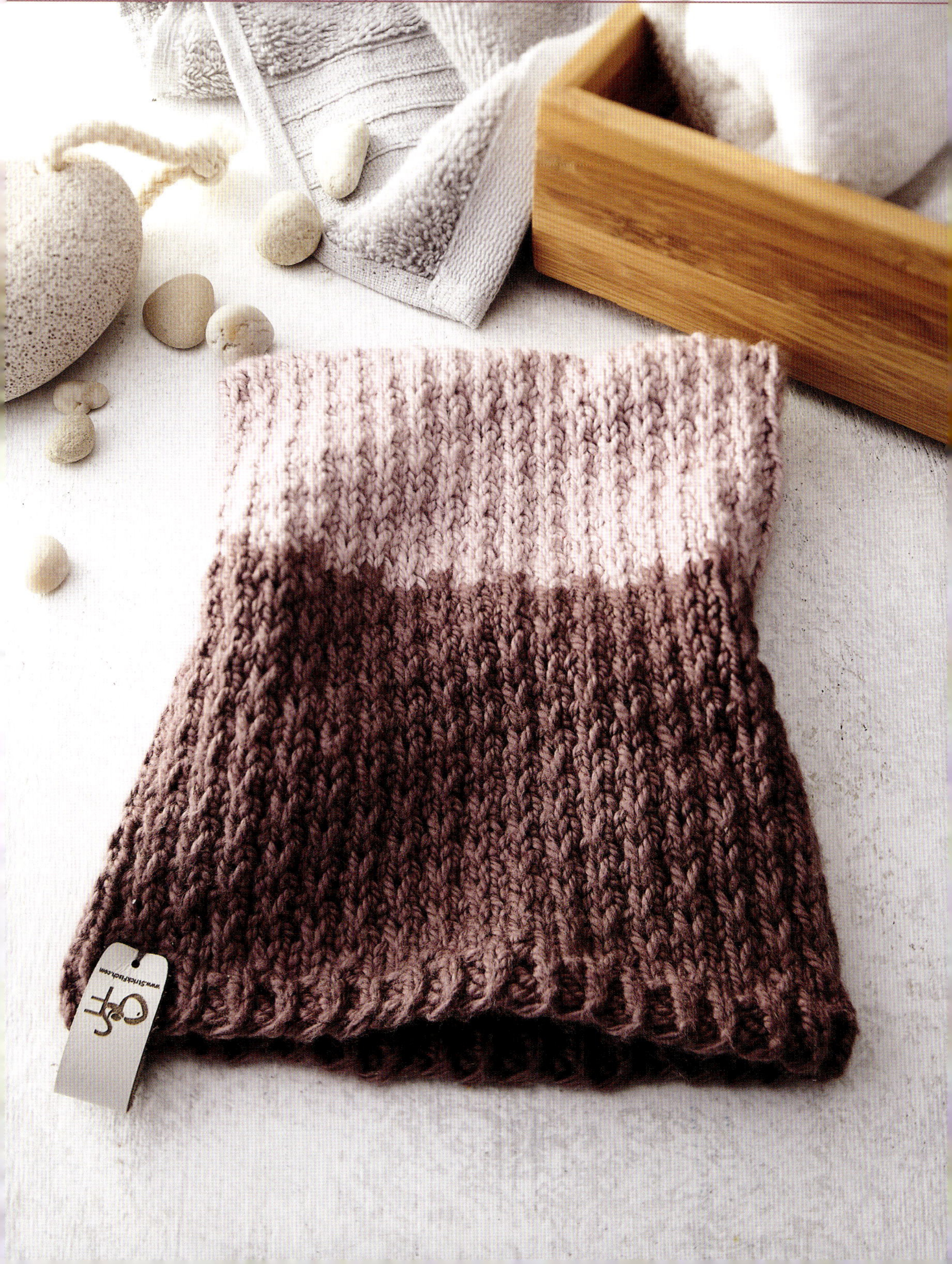

Evergreen

zweifarbig mit Hebemaschen

GRÖSSE
19 cm x 14 cm

MATERIAL

- Lang Yarns Tissa (LL 80 m/50 g) in Weiß (Fb 01) und Gras (Fb 16), je 50 g
- Nadelspiel 3,5 mm oder Rundstricknadel 3,5 mm, mind. 60 cm lang
- Häkelnadel 4,0 mm
- Maschenmarkierer
- Wollnadel
- Lederlabel (ersatzweise Leder- oder Stoffstreifen, 6,5 cm lang)

MASCHENPROBE
Im zweifarbigen Hebemaschenmuster mit Nd 3,5 mm
23 M und 35 R
= 10 cm x 10 cm

Zweifarbiges Hebemaschenmuster

1. Rd (Weiß): * 5 M rechts, 1 M wie zum Linksstr abheben, dabei den Faden hinter der M weiterführen, ab * fortlaufend wdh.
2. Rd (Weiß): Wie die 1. Rd str.
3. Rd (Gras): 2 M rechts, 1 M wie zum Linksstr abheben, dabei den Faden hinter der M weiterführen, * 5 M rechts, 1 M wie zum Linksstr abheben, dabei den Faden hinter der M weiterführen, ab * fortlaufend wdh, enden mit 3 M rechts.
4. Rd (Gras): Wie die 3. Rd str.
Die 1.-4. Rd fortlaufend wdh.

Anleitung

Der Handschuh wird von der geschlossenen zur offenen Seite hin gestrickt.
In Gras mit einer Häkelnd eine Lm-Kette von 33 R häkeln. Nun um die Lm-Kette herum aus den Lm 66 M herausstr – aus jeder Seite der Lm-Kette 33 M. Die 66 M auf 2 Spielnd verteilen oder auf eine Rundstricknd legen. Den Rd-Anfang mit einem M-Markierer kennzeichnen. 2 Rd rechte M str. Zu Weiß wechseln und 58 Rd im zweifarbigen Hebemaschenmuster str, dabei die Fb wie angegeben tauschen. Mit 2 Rd in Weiß enden. Zu Grün wechseln und noch 2 Rd rechte M und 1 Rd linke M str. Dann alle M locker abk.

Fertigstellen

Alle Fäden vernähen. Den Handschuh in Form ziehen, ggf. dabei etwas anfeuchten. Als Aufhänger ein Lederlabel annähen, ersatzweise ein Leder- oder Stoffband verwenden.

Mein Tipp für Sie

Auch fürs Bad So ein gestrickter Handschuh eignet sich ebenso gut als Waschlappen.

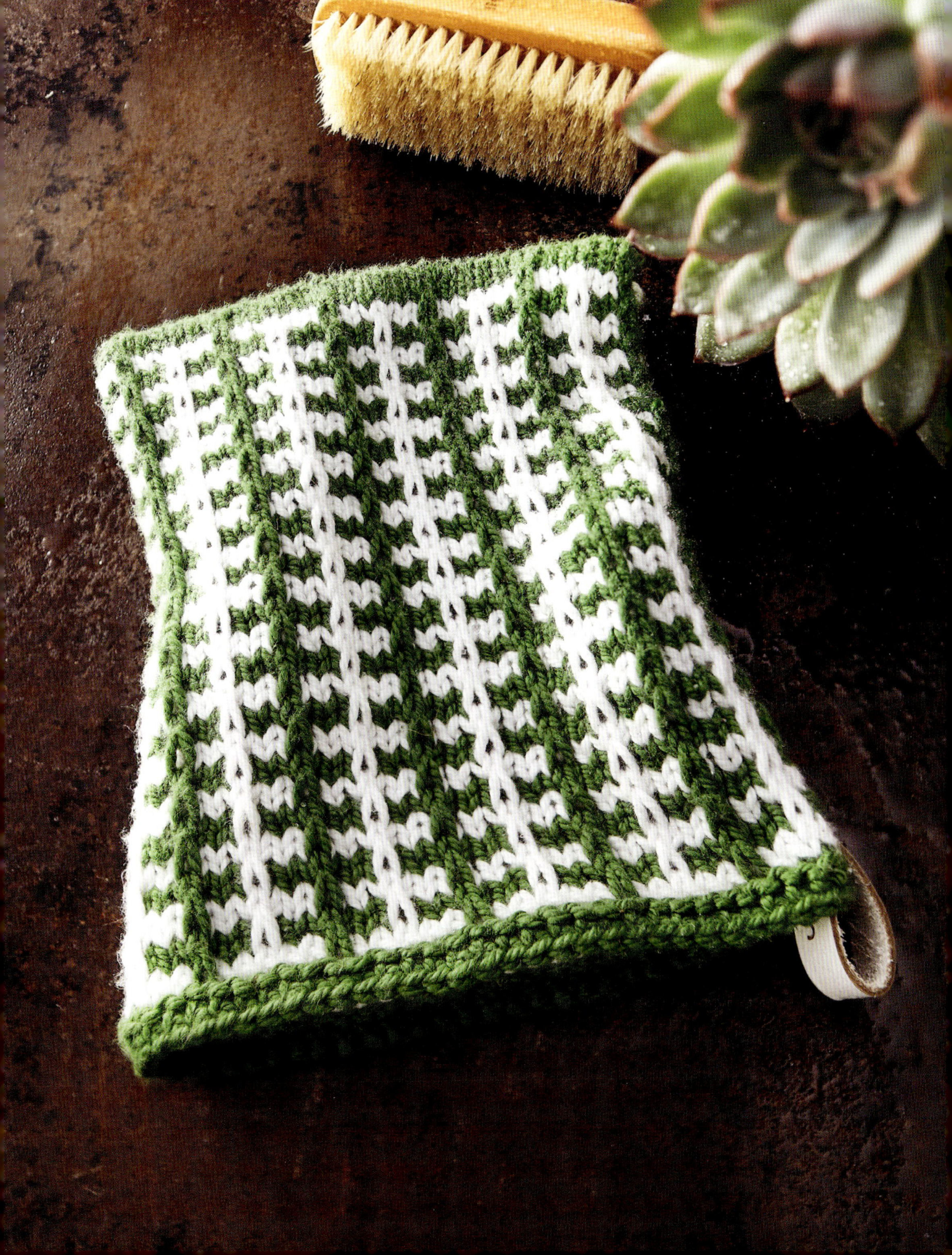

Das Knotenmuster ist einfach zu stricken, sehr dekorativ und sorgt für den richtigen Grip.

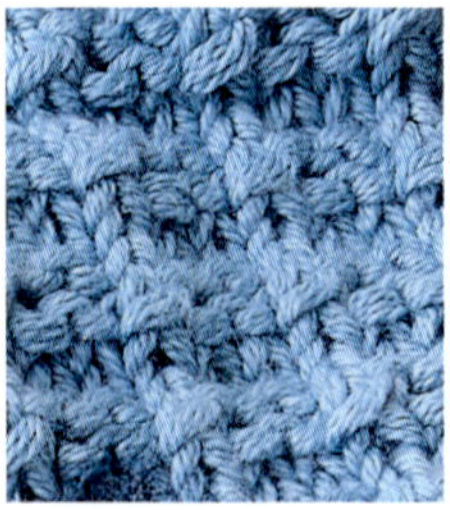

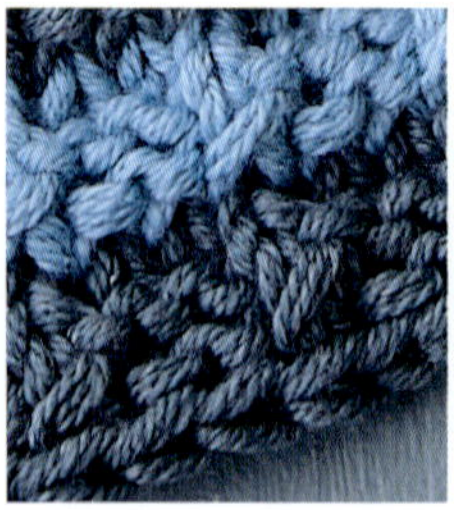

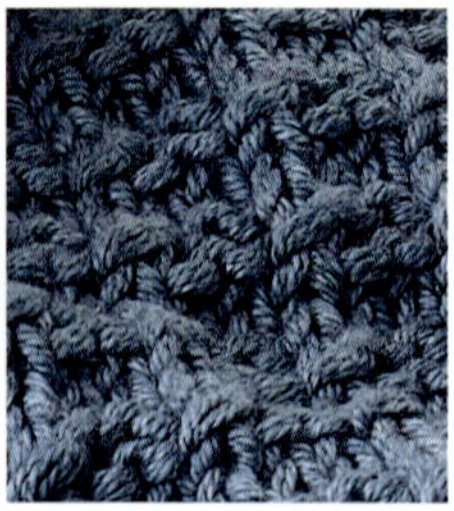

Brüderchen und Schwesterchen

Knotenmuster in zwei Varianten

GRÖSSE
25 cm x 25 cm

MATERIAL

- Lana Grossa Soft Cotton Big (LL 80 m/50 g) in Türkisgrün (Fb 14) und Fichtengrün (Fb 30), je 50 g
- Rundstricknadel 4,0 mm, 50-60 cm lang
- Wollnadel
- Lederlabel (ersatzweise Leder- oder Stoffstreifen, 6,5 cm lang)

MASCHENPROBE
Im Knotenmuster mit Nd 4,0 mm
17 M und 26 R = 10 cm x 10 cm

Randmaschen

Die Rdm als Kettrand str (siehe „So wird's gemacht").

1 Masche verdoppeln

2 M aus 1 M herausstr: 1 M wie gewohnt rechts str, aber noch nicht von der linken Nd gleiten lassen. In dieselbe M ein zweites Mal von hinten (rechts verschränkt) einstechen und eine 2. M herausstr.

Knotenmuster

Siehe Anleitung.

Anleitung

Tuch mit Streifen

40 M in Türkisgrün anschl und wie folgt str:
1. R (Hinr): Rdm, 38 M rechts, Rdm.
2. R (Rückr): Rdm, 38 M links, Rdm.
3. R (Hinr): Rdm, * 2 M links, 1 M verdoppeln, ab * fortlaufend wdh, enden mit 2 M links, Rdm.
4. R (Rückr): Rdm, * 2 M rechts, 2 M links zusammenstr, ab * fortlaufend wdh, enden mit 2 M rechts, Rdm.
Zu Fichtengrün wechseln und die 1.-4. R 1x wdh.
Diese 8 R (4 R in Türkisgrün, 4 R in Fichtengrün) nun noch 7x wdh. Anschließend alle M in einer Hinr abk.

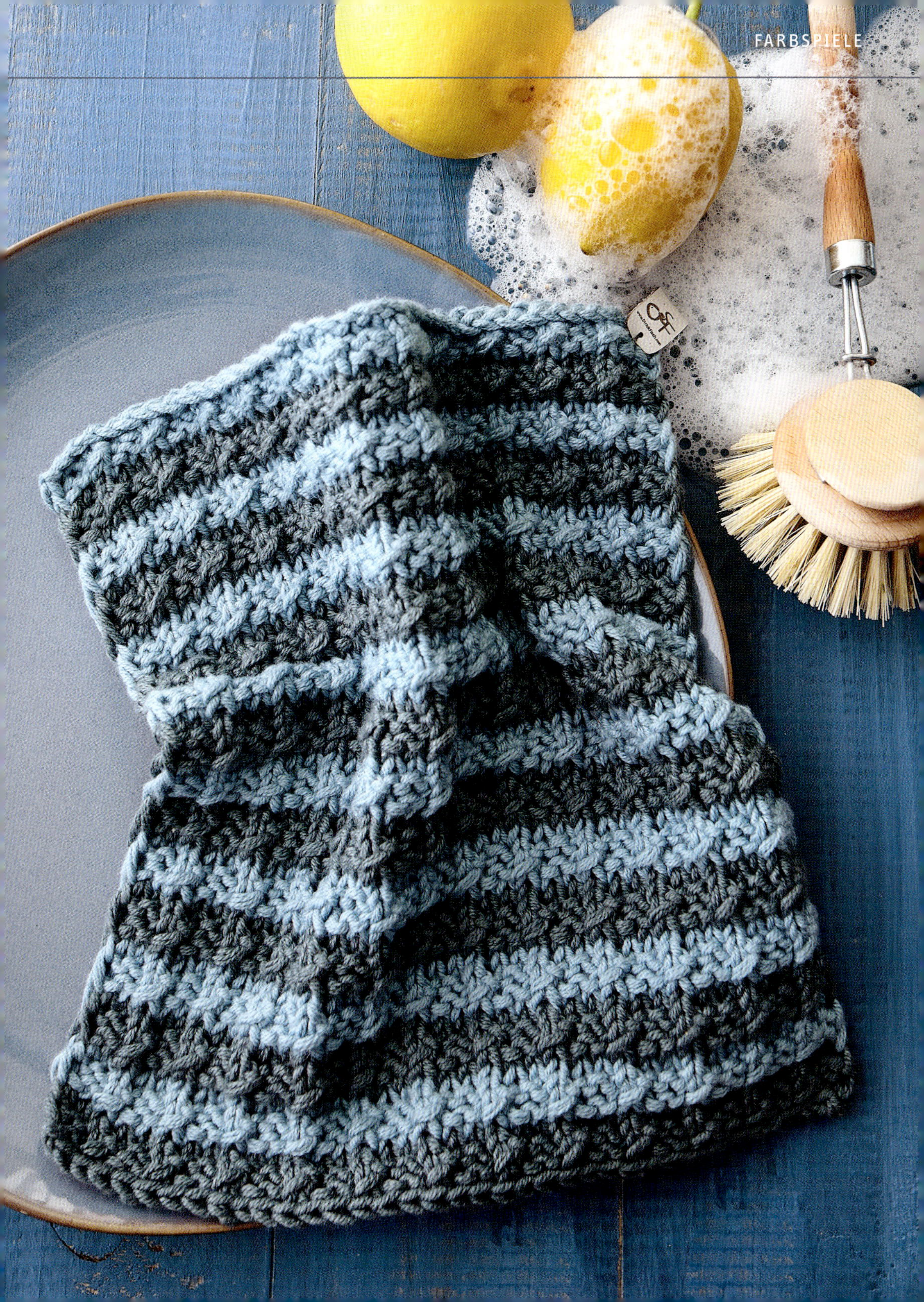

Tuch mit Quadraten

40 M in Türkisgrün anschl und wie folgt str:

1. R (Hinr): In Türkisgrün: Rdm, 19 M rechts. In Fichtengrün: 19 M rechts, Rdm.

2. R (Rückr): In Türkisgrün: Rdm, 19 M links. In Fichtengrün: 19 M links, Rdm.

3. R (Hinr): In Türkisgrün: Rdm, über die folgenden 19 M * 2 M links, 1 M verdoppeln, ab * fortlaufend wdh, enden mit 1 M links.
In Fichtengrün: 1 M links str, 1 M verdoppeln, weiter mit ** 2 M links, 1 M verdoppeln, ab ** fortlaufend wdh, enden mit 2 M links, Rdm.

4. R (Rückr): In Türkisgrün: Rdm, über die folgenden 19 M * 2 M rechts, 2 M links zusammenstr, ab * fortlaufend wdh, enden mit 1 M rechts. In Fichtengrün: 1 M rechts str, 2 M links zusammenstr, weiter mit ** 2 M rechts, 2 M links zusammenstr, ab ** fortlaufend wdh, enden mit 2 M rechts, Rdm.

Die 1.-4. R 7x wdh wdh. Anschließend die Fb tauschen und die 1.-4. R insgesamt 8x str. Anschließend alle M in einer Hinr locker abk.

Hinweis: **Die Fäden beim Farbwechsel verkreuzen, so bleibt auch die Rückseite attraktiv. Dafür den Arbeitsfaden nach links legen, den Faden der zweiten Fb von unten nach oben nehmen und zum Weiterstr um den Finger wickeln. Den Faden der ersten Fb unter diesem Faden nach rechts legen, sodass der Faden der zweiten Fb umfasst wird. Ggf. noch etwas festziehen, um ein Loch zu vermeiden.**

Fertigstellen

Alle Fäden vernähen. Das Tuch spannen, um es in Form zu bringen, ggf. dabei etwas anfeuchten. Als Aufhänger ein Lederlabel annähen, ersatzweise ein Leder- oder Stoffband verwenden.

Mein Tipp für Sie

Einfarbig im Muster Aus je einem Knäuel Türkisgrün und Fichtengrün lassen sich zusätzlich zwei einfarbige Spültücher im Knotenmuster stricken. Gemeinsam mit den beiden zweifarbigen Modellen erhalten Sie ein hübsches 4-teiliges Set.

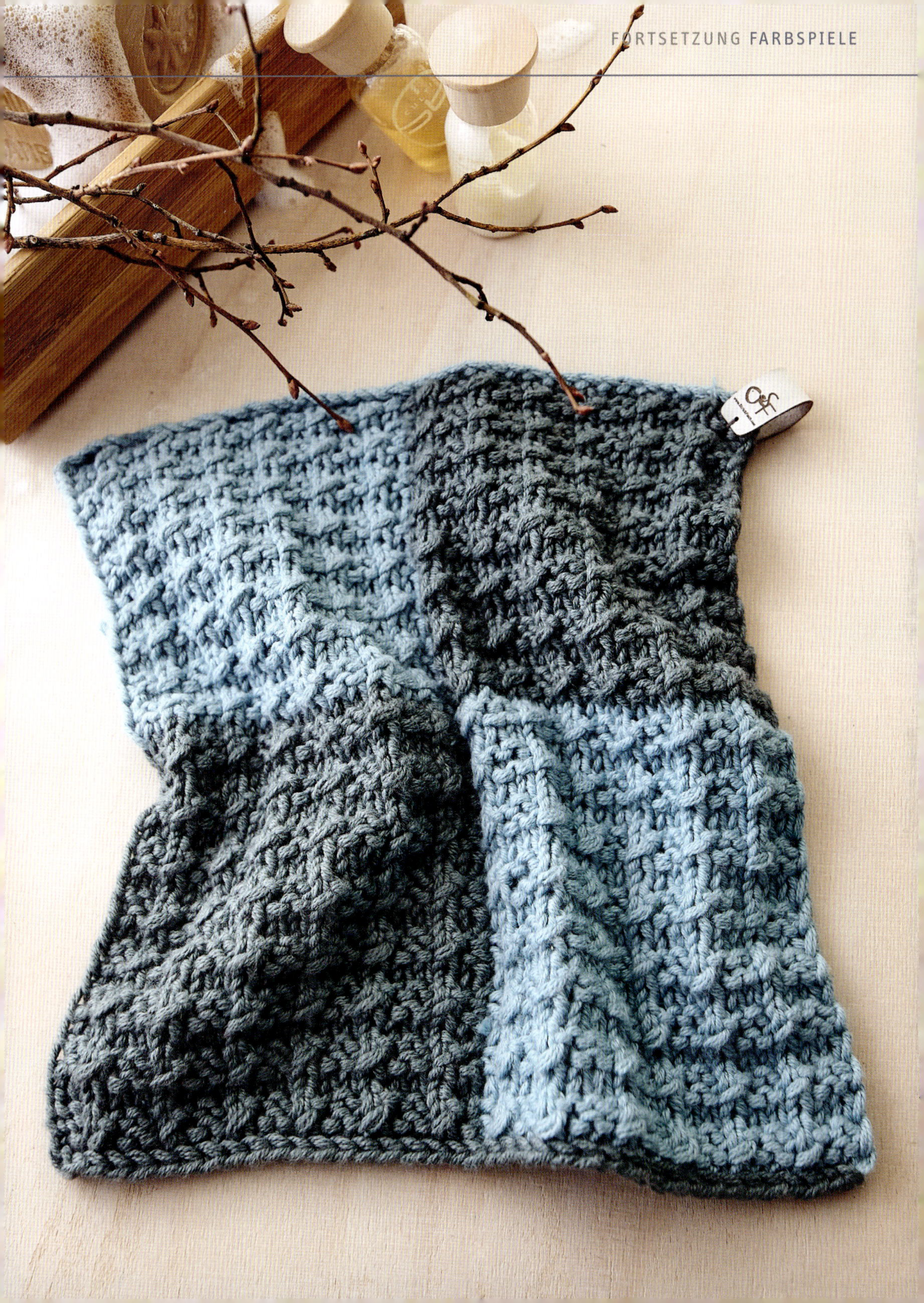

Der Fischer und seine Frau

kraus und farbenfroh

GRÖSSE
24 cm x 24 cm

MATERIAL

- Lang Yarns Quattro (LL 120 m/50 g) in Navy (Fb 25), Jeans dunkel (Fb 34) und Aprikose (Fb 75), je 50 g
- Rundstricknadel 4,0 mm, 50-60 cm lang
- 2 Nadelspielnadeln 4,0 mm
- Wollnadel

MASCHENPROBE
Kraus rechts mit Nd 4,0 mm und doppeltem Faden
20 M und 36 R = 10 cm x 10 cm

Hinweis: Die angegebene Garnmenge reicht für die Modelle „Der Fischer und seine Frau" und „Fisch" (siehe Seite 34).

Randmaschen

Die Rdm als Patentrand über die jeweils äußeren 3 M str (siehe „So wird's gemacht").

Kraus rechts

In Hin- und Rückr rechte M str.

Anleitung

Hinweis: Es wird durchgehend mit doppeltem Faden gestrickt. Es sind alle M inkl. der Rdm beschrieben.

6 M in Aprikose anschl und wie folgt str, dabei wie beschrieben zunehmen:
1. R (Hinr): 3 M Patentrand, 1 U, 3 M Patentrand (= 7 M).
2. R (Rückr): 3 M Patentrand, den U rechts verschränkt str, 1 U, 3 M Patentrand (= 8 M).
3. R (Hinr): 3 M Patentrand, den U rechts verschränkt str, 1 M rechts, 1 U, 3 M Patentrand (= 9 M).
4. R (Rückr): 3 M Patentrand, den U rechts verschränkt str, 2 M rechts, 1 U, 3 M Patentrand (= 10 M).
Nach diesem Prinzip weiterarb:
Hinr: 3 M Patentrand, den U rechts verschränkt str, rechte M str bis zu den 3 Rdm, 1 U, 3 M Patentrand.
Rückr: Wie die Hinr str.
Diese beiden R fortlaufend wdh, bis insgesamt 24 M auf der Nd liegen.
Zu Jeans dunkel wechseln und wie oben beschrieben weiterarb, bis 42 M auf der Nd liegen. Zu Navy wechseln und wie oben beschrieben weiterarb, bis 60 M auf der Nd liegen.
Nun wie folgt in Streifen weiterarb und abnehmen:
Mit Aprikose beginnen. In der 1. Hinr den U noch einmal rechts verschränkt str.
Hinr: 3 M Patentrand, rechte M str, bis zu den letzten 5 M, 2 M rechts zusammenstr, 3 M Patentrand.
Rückr: Wie die Hinr str.
Zu Navy wechseln und 2 R wie oben beschrieben str.
Nun je 2 R in Aprikose und Navy im Wechsel str, bis 30 M auf der Nd liegen.
Navy durch Jeans dunkel ersetzen und wie beschrieben weiterarb, bis nur noch die 6 M Patentrand vorhanden sind. Fortlaufend 2 M rechts zusammenstr, bis noch 3 M auf der linken Nd liegen. Mit den restlichen 3 M für den Aufhänger eine Kordel str (siehe „So wird's gemacht") und an das Tuch nähen.

Fertigstellen

Alle Fäden vernähen. Das Tuch in Form bringen, spannen oder bügeln.

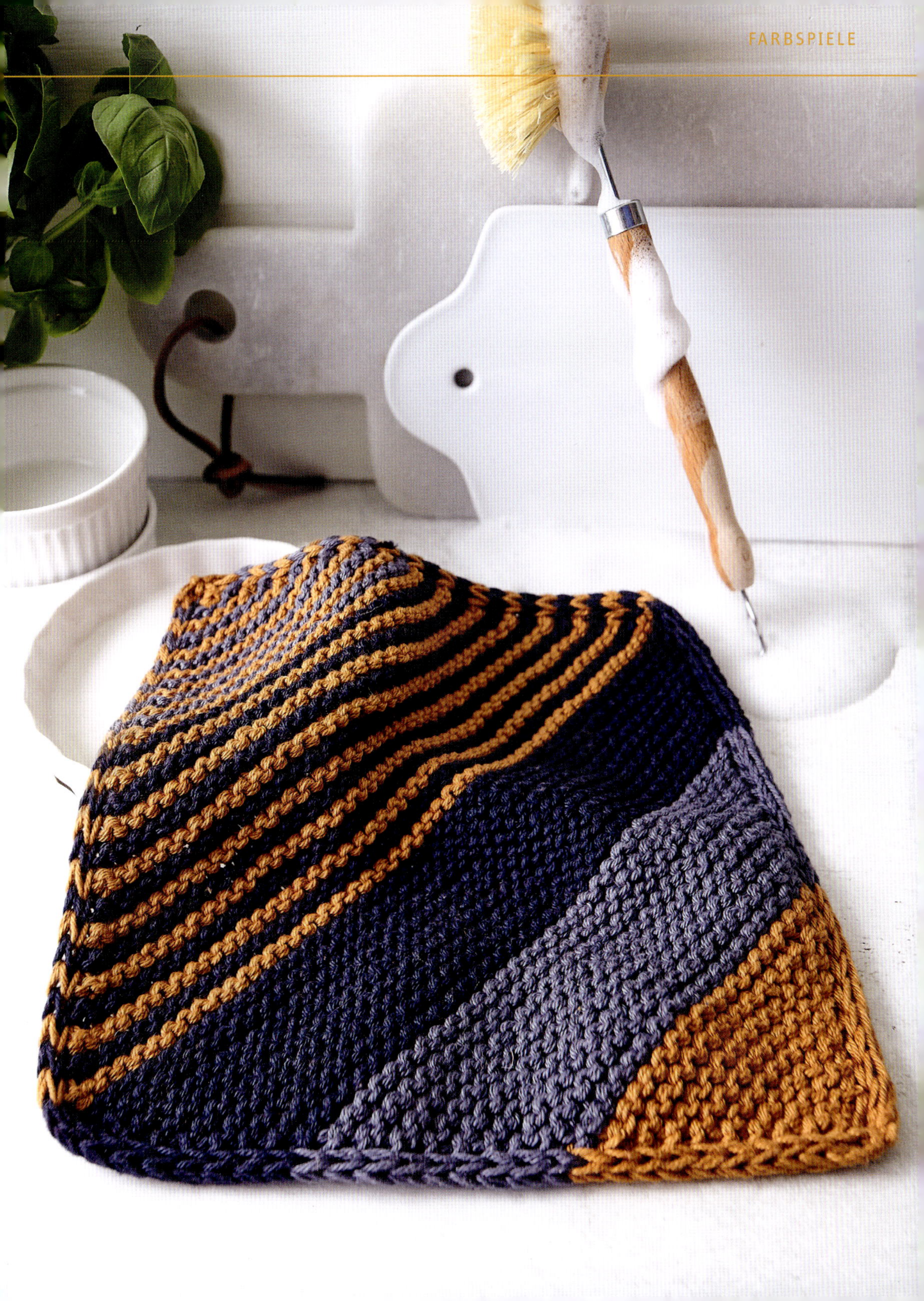

Schneeweißchen und Rosenrot

effektvolles Pfeilmuster

GRÖSSE
32 cm x 23 cm

MATERIAL

- Lang Yarns Tissa (LL 80 m/50 g) in Weiß (Fb 01), 50 g, und in Hellrosa (Fb 119), 25 g
- Rundstricknadel 3,5 mm, 50-60 cm lang
- Wollnadel

MASCHENPROBE
Im Pfeilmuster mit Nd 3,5 mm 18 M und 33 R = 10 cm x 10 cm

Randmaschen

In jeder R die 1. M wie zum Linksstr abheben, die letzte M im Muster str.

Pfeilmuster

1. R (Hinr): * 3 M links, 1 M unterhalb des zweiten Querfadens herausstr, 2 M rechts, 1 M unterhalb des zweiten Querfadens herausstr, ab * fortlaufend wdh, enden mit 3 M links.
2. R (Rückr): * 3 M links, 1 M wie zum Linksstr abheben, dabei den Faden vor der M weiterführen, 2 M links, 1 M wie zum Linksstr abheben, ab * fortlaufend wdh, enden mit 3 M links.
3. R (Hinr): * 3 M links, 4 M zweimal zusammenstr, ab * fortlaufend wdh, enden mit 3 M links.
4. R (Rückr): Alle M links str.
Die 1.-4. R fortlaufend wdh.

1 Masche unter dem zweiten Querfaden herausstricken

Mit der rechten Nd zwischen den M der rechten und linken Nd zwei Fäden nach unten zählen. Unter dem zweiten Querfaden einstechen und den Arbeitsfaden holen. Es entsteht eine zusätzliche M.

4 Maschen zweimal zusammenstricken

4 aufeinanderfolgende M zusammen rechts verschränkt abstr. Die 4 M auf der linken Nd lassen und anschließend diese noch einmal zusammen rechts abstr.

Anleitung

55 M in Weiß anschl. Zunächst 1 Hinr rechte M und 1 Rückr linke M str.
Nun 56 R im Pfeilmuster str, dabei in jeder R die 1. M abheben und die letzte M im Muster str.
In der 59. R zu Hellrosa wechseln und weitere 16 R im Muster str. Anschließend noch 1 Hinr rechte M und 1 Rückr linke M str. In der folgenden Hinr alle M locker abk.
Für den Aufhänger aus der rechten, oberen Ecke 3 M aufnehmen und eine Kordel aus 20 R str (siehe „So wird's gemacht"). Das Ende der Kordel an der Stelle des Farbwechsels vernähen, sodass eine Schlaufe entsteht.

Fertigstellen

Alle Fäden vernähen. Das Tuch spannen, um es in Form zu bringen, ggf. dabei etwas anfeuchten.

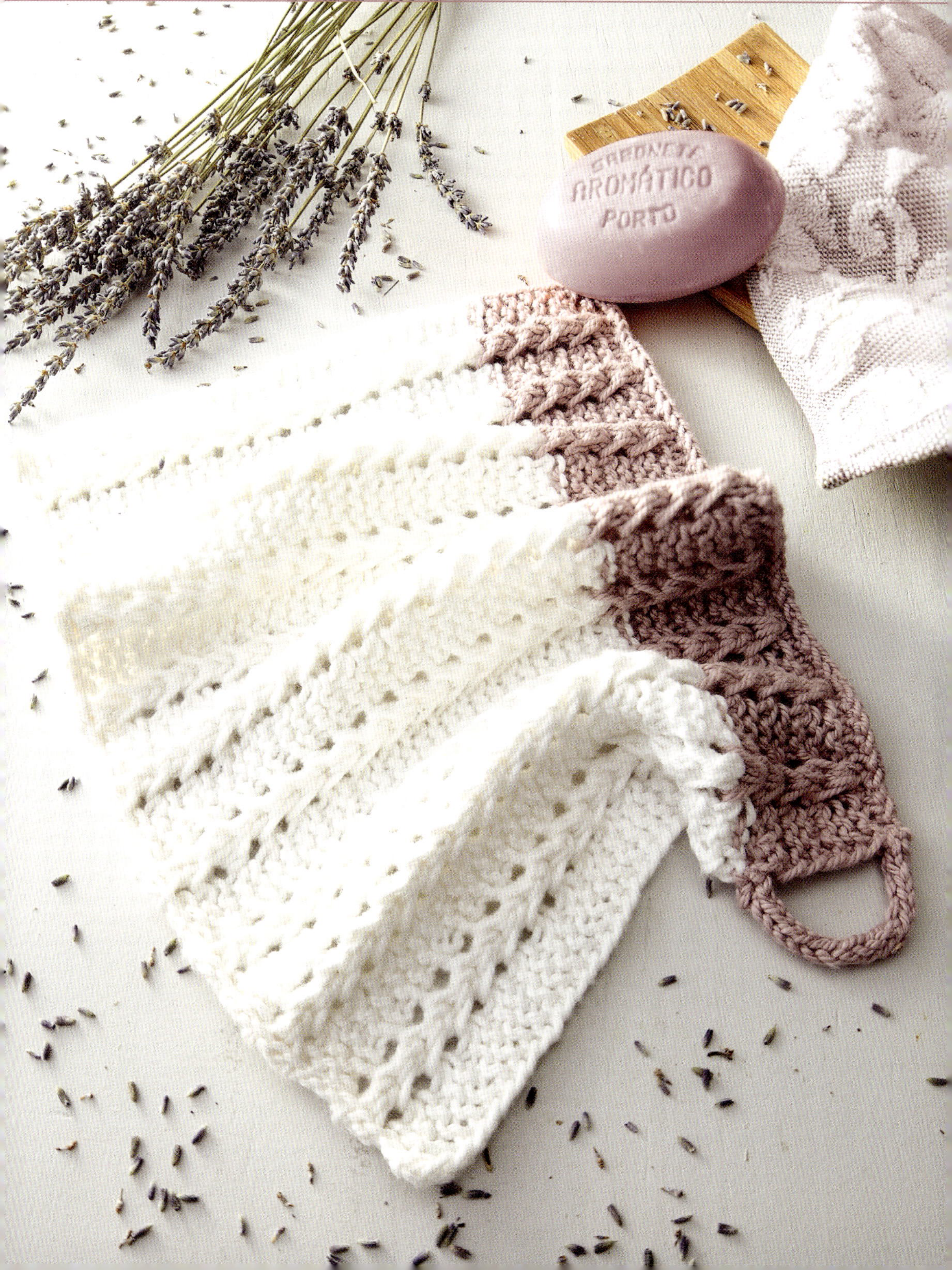
AROMÁTICO
PORTO

Ein- oder zweifarbig – das Patentmuster sorgt für Abwechslung.

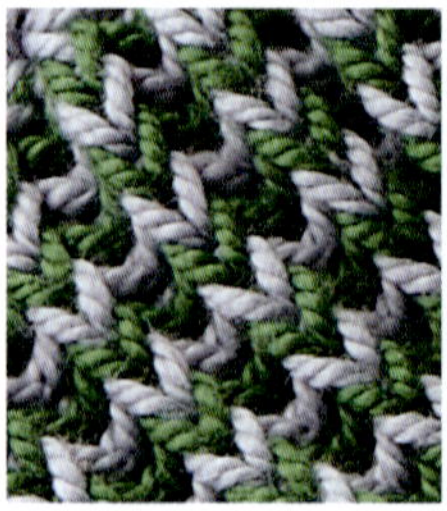

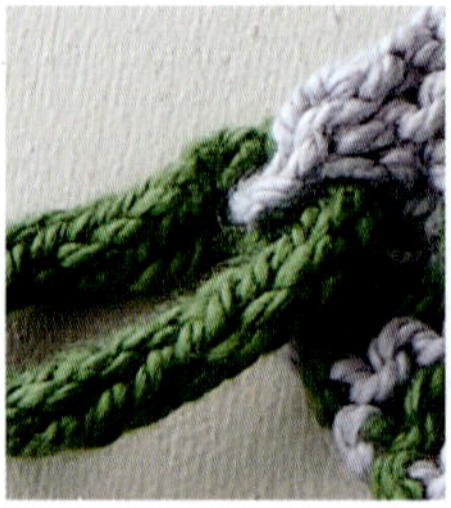

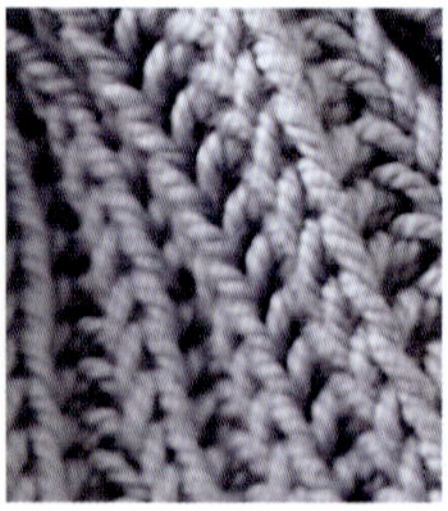

Ganz patent

handliche Patentrippen

GRÖSSE

29 cm x 28 cm

MATERIAL

- Lang Yarns Tissa (LL 80 m/50 g) in Grau (Fb 58), 50 g, und in Gras (Fb 16), Rest
- Rundstricknadel 4,5 mm, 50-60 cm lang
- Wollnadel

MASCHENPROBE

Im Patentmuster mit Nd 4,5 mm 17 M und 34 R = 10 cm x 10 cm

Randmaschen

In jeder R die ersten und letzten 2 M rechts str.

Patentmuster

1. R (Hinr): * 1 M mit 1 U wie zum Linksstr abheben, 1 M rechts, ab * fortlaufend wdh, enden mit 1 M mit 1 U wie zum Linksstr abheben.
2. R (Rückr): * 1 M mit dem U zusammenstr, 1 M mit 1 U wie zum Linksstr abheben, ab * fortlaufend wdh, enden mit 1 M mit dem U zusammenstr.

Die 1. und 2. R fortlaufend wdh.

Anleitung

Mit der Aufhängerschlaufe beginnen. Dafür 3 M in Gras anschl und eine Kordel von 20 R str. Die Kordel zur Hälfte legen und Anfang und Ende verbinden, sodass eine Schlaufe entsteht (siehe „So wird's gemacht").

45 M in Grau anschl. Zunächst 4 R rechte M str. Dann durchgehend zwischen den jeweils 2 Rdm 72 R (= ca. 22 cm) im Patentmuster arb. In der 77. R nach den Rdm die Schlaufe einstr. Dafür 2 M rechts str. Die Schlaufe auf die linke Nd legen und durch die Schlaufe 1 rechte M str. Bis zum R-Ende rechte M str. Noch 3 R rechte M str, dann alle M locker abk.

Fertigstellen

Alle Fäden vernähen. Das Tuch spannen, um es in Form zu bringen, ggf. dabei etwas anfeuchten.

Zweifarbige Variante

Für das zweifarbige Tuch werden je 50 g Grau und Gras benötigt. Ab der 5. R in jeder 3. R die Fb wechseln. Ab der 77. R wieder einfarbig str.

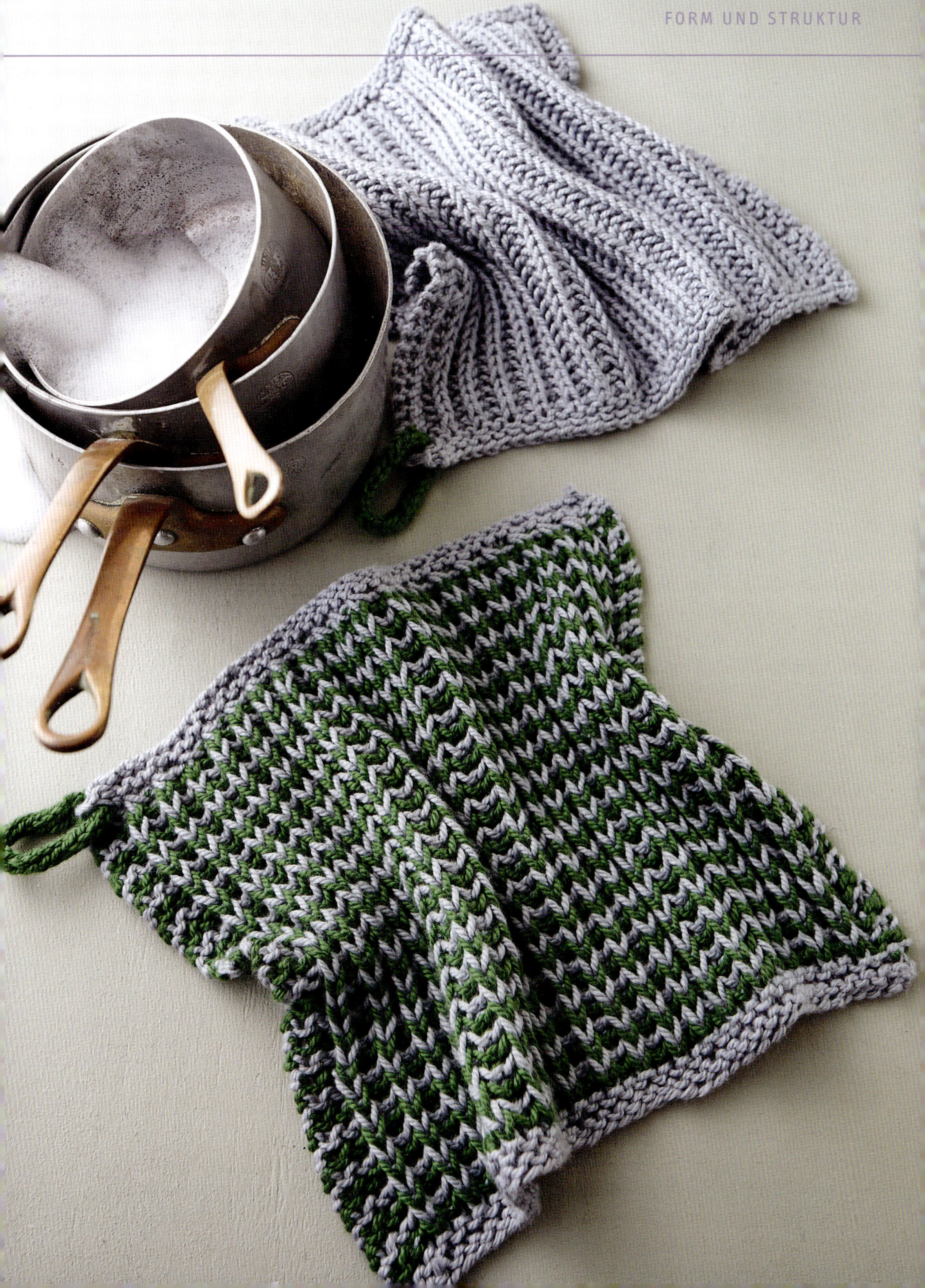

Fisch

formstark in kraus rechts mit Rippen

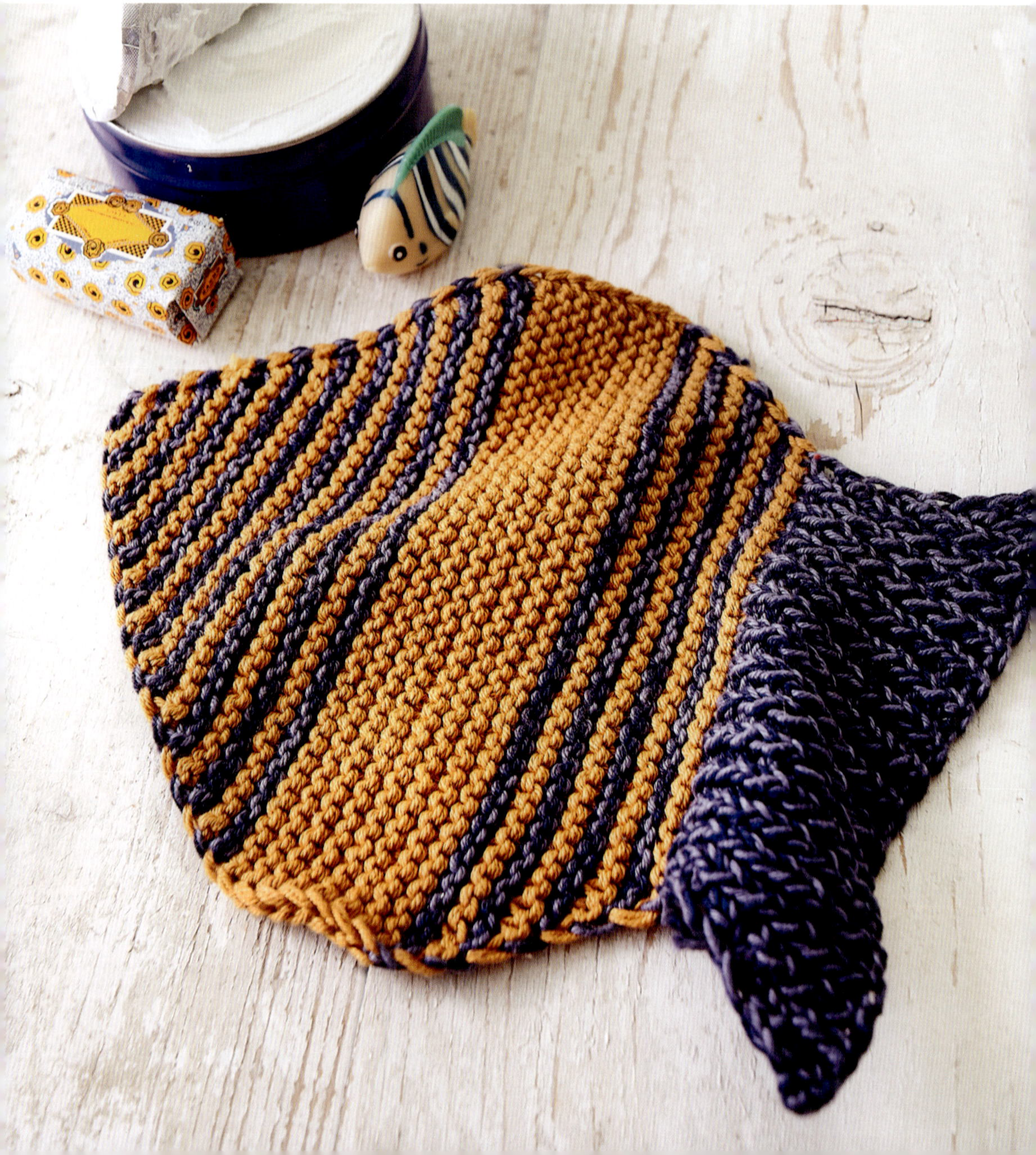

GRÖSSE
26 cm x 20 cm

MATERIAL

- Lang Yarns Quattro (LL 120 m/50 g) in Navy (Fb 25), Jeans dunkel (Fb 34) und Aprikose (Fb 75), je 50 g
- Rundstricknadel 4,0 mm, 50-60 cm lang
- 2 Nadelspielnadeln 4,0 mm
- Wollnadel

MASCHENPROBE
Kraus rechts mit Nd 4,0 mm und doppeltem Faden 20 M und 36 R = 10 cm x 10 cm

Hinweis: Die angegebene Garnmenge reicht für die Modelle „Fisch" und „Der Fischer und seine Frau" (siehe Seite 28).

Randmaschen

Die Rdm als Kettrand str (siehe „So wird's gemacht").

2 Maschen rechts überzogen zusammenstricken

1 M wie zum Rechtsstr abheben, die nächste M rechts str, dann die abgehobene M überziehen.

Kraus rechts

In Hin- und Rückr rechte M str.

Rippenmuster

1. R (Hinr): 1 M rechts verschränkt, 1 M links im Wechsel str.
2. R (Rückr): Die M str, wie sie erscheinen, dabei die rechten M verschränkt str.
Die 1. und 2. R fortlaufend wdh.

Anleitung

Hinweis: Es wird durchgehend mit doppeltem Faden gestrickt. Im Folgenden sind alle M inkl. der Rdm beschrieben.

41 M mit je 1 Faden in Navy und in Jeans dunkel anschl.
1. R (Hinr): Rdm, 1 M rechts verschränkt, 1 M links im Wechsel str, Rdm.
2. R (Rückr): Rdm, 1 M links, 1 M rechts verschränkt im Wechsel str, Rdm.
3. R (Hinr): Rdm, 2 M links zusammenstr, weiter mit 1 M rechts verschränkt, 1 M links im Wechsel str bis 3 M vor R Ende, 2 M links zusammenstr, Rdm (= 39 M).
4. R (Rückr): Rdm, 1 M rechts verschränkt, 1 M links im Wechsel str, Rdm.
5. R (Hinr): Rdm, 2 M rechts verschränkt zusammenstr, dann 1 M links, 1 M rechts verschränkt im Wechsel str bis 3 M vor R Ende, 2 M rechts verschränkt zusammenstr, Rdm (= 37 M).
6. R (Rückr): Rdm, 1 M links, 1 M rechts verschränkt im Wechsel str, Rdm.
Die 3.-6. R noch 2x wdh, anschließend noch 1x die 3. und 4. R str. Es liegen 27 M auf der Nd.
Zu Aprikose wechseln.
17. R (Hinr): Rdm, alle M rechts str, Rdm.
18. R (Rückr): Rdm, alle M rechts str, 1 U, Rdm.
Zu Navy und Jeans dunkel wechseln.
19. R (Hinr): Rdm, den U rechts verschränkt str, alle M rechts, 1 U, Rdm.
20. R (Rückr): Rdm, den U rechts verschränkt str, alle M rechts, 1 U, Rdm.
Die 17.-20. R noch 4x wdh, dabei auch die Fb wie angegeben wechseln. Es liegen nun 42 M auf der Nd.
Zu Aprikose wechseln.
33. R (Hinr): Rdm, den U rechts verschränkt str, alle M rechts, Rdm.
34. R (Rückr): Rdm, alle M rechts str, Rdm.
Die 34. R noch 14x wdh.
Zu Navy und Jeans dunkel wechseln.
49. R (Hinr): Rdm, alle M rechts str bis 3 M vor R Ende, 2 M rechts zusammenstr, Rdm (= 41 M).
50. R (Rückr): Rdm, alle M rechts str bis 3 M vor R Ende, 2 M rechts zusammenstr, Rdm (= 40 M).
Zu Aprikose wechseln.
51. R (Hinr): Rdm, alle M rechts str bis 3 M vor R Ende, 2 M rechts zusammenstr, Rdm (= 39 M).
52. R (Rückr): Rdm, alle M rechts str bis 3 M vor R Ende, 2 M rechts zusammenstr, Rdm (= 38 M).
Die 49.-52. R noch 8x wdh. Es liegen noch 6 M auf der Nd.
Zu Navy und Jeans dunkel wechseln.
Noch 1 R rechte M str, dabei die Rdm wie zuvor str.
In der folgenden Rückr alle M abk.

Fertigstellen

Alle Fäden vernähen. Den Fisch etwas in Form bringen, ggf. dabei anfeuchten.

Herzchen

doppellagig mit Kordelrand

GRÖSSE
17 cm x 13 cm

MATERIAL

- Lana Grossa Soft Cotton Big (LL 80 m/50 g) in Blassrosa (Fb 02), Grau (Fb 24) und Orange (Fb 33), je 50 g
- Rundstricknadel 4,0 mm, 50-60 cm lang
- 2 Nadelspielnadeln 4,0 mm
- Wollnadel

MASCHENPROBE
Kraus rechts mit Nd 4,0 mm
18 M und 33 R = 10 cm x 10 cm

Hinweis: Die Garnmenge reicht für zwei Herzchen.

Randmaschen

Die Rdm als Kettrand str (siehe „So wird's gemacht").

2 Maschen rechts überzogen zusammenstricken

1 M wie zum Rechtsstr abheben, die nächste M rechts str, dann die abgehobene M überziehen.

Kraus rechts

In Hin- und Rückr rechte M str.

Anleitung

Hinweis: Dieses Tuch hat eine graue und eine blassrosa Seite. Hierfür wird zunächst in jeder Fb einmal die Herzform gearbeitet. Anschließend werden beide Teile mit einem Kordelrand zusammengefügt.

3 M in Grau anschl und mit einer Rückr beginnen:
1. R (Rückr): Rdm, 1 M rechts, 1 U, Rdm.
2. R (Hinr): Rdm, den U rechts verschränkt str, alle M rechts bis 1 M vor dem R-Ende, 1 U, Rdm.
3.-30. R: Wie die 2. R str (= 32 M nach der 30. R).
31. R (Rückr): Rdm, den U rechts verschränkt str, alle M rechts, Rdm.
Nun ohne Zunahmen wie folgt weiterarb:
32.-41. R: Rdm, alle M rechts str, Rdm.
Nun einzeln über jeweils 16 M die Rundungen für die Herzform str, dabei wie folgt str und abnehmen:
42. R (Hinr): Rdm, 2 M rechts überzogen zusammenstr, 10 M rechts str, 2 M rechts zusammenstr, Rdm.
43. R (Rückr): Rdm, alle M rechts str, Rdm (= 14 M).
Die 42. und 43. R wdh, bis nur noch 8 M auf der Nd liegen Die M-Zahl reduziert sich in der Hinr um 2 M. Die 8 M abk. Faden abschneiden.
Für die zweite Rundung die 42.-50. R wdh.
Ein zweites Herz in Blassrosa ebenso str.
Anschließend beide Herzen übereinanderlegen und einen Kordelrand in Orange anstr, dabei gleichzeitig die Herzhälften zusammenstr. Dafür wie folgt arb: 3 M in Orange mit dem Ndspiel anschl. An der Spitze des Herzens beginnend durch die 1. Rdm beider Herzen einstechen und 1 weitere M herausstr. Alle 4 M zur gegenüberliegenden Nd-Spitze schieben, 2 M rechts str, 2 M rechts zusammenstr. Von rechts nach links durch die nächsten Rdm stechen und den Arbeitsfaden holen, sodass wieder 4 M auf der Nd liegen. Diese 4 M zurück an das andere Nd-Ende schieben. 2 M rechts str, 2 M rechts zusammenstr. Wieder durch die Rdm stechen und den Arbeitsfaden holen. So lange wdh, bis das Tuch umrandet und zusammengestrickt ist.
Aus allen drei Fb eine ca. 15 cm lange Kordel flechten. Durch die obere Mitte des Herzens ziehen und verknoten.

Fertigstellen

Alle Fäden vernähen. Das Tuch spannen, um es in Form zu bringen, ggf. dabei etwas anfeuchten.

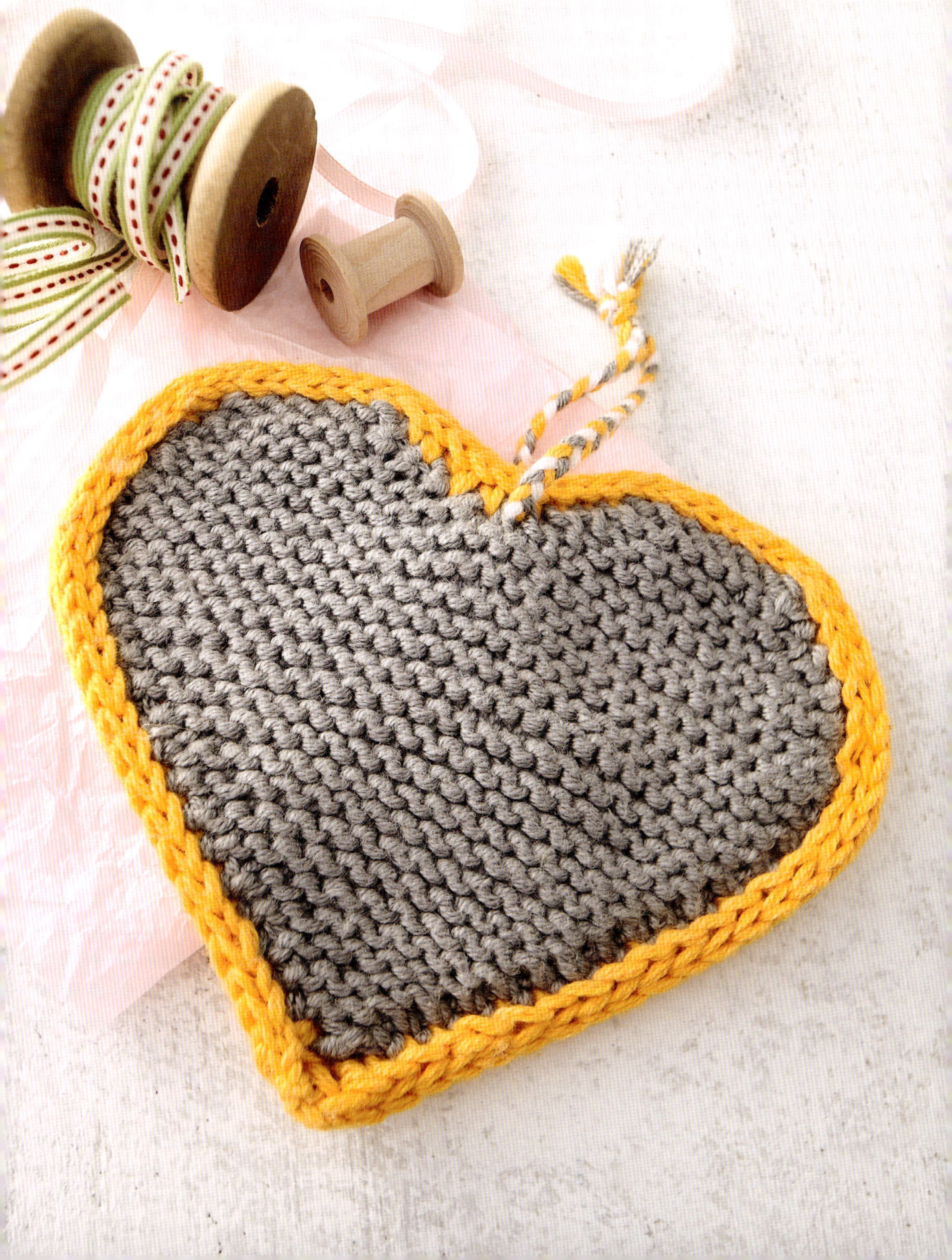

Schrubbelchen

dreilagiger Schwamm

GRÖSSE
14 cm x 9 cm

MATERIAL
- Buttinette Woll Butt Topflappengarn (LL 85 m/50 g) in Marine (Fb 99.132.76) und Weinrot (Fb 99.132.73), je 50 g
- Rundstricknadel 3,0 mm, 50-60 cm lang
- Häkelnadel 3,0 mm
- Wollnadel

MASCHENPROBE
Im Rippenmuster mit Nd 3,0 mm
26 M und 28 R
= 10 cm x 10 cm

Randmaschen

Die Rdm als Kettrand str (siehe „So wird's gemacht").

Rippenmuster

1. R (Hinr): Rdm, * 2 M rechts, 1 M rechts verschränkt, 1 M links, ab * fortlaufend wdh, enden mit 2 M rechts, Rdm.
2. R (Rückr): Wie die 1. R str.
Die 1. und 2. R fortlaufend wdh.

Anleitung

32 M in Weinrot anschl und 30 R wie angegeben im Rippenmuster str.
Zu Marine wechseln und über 30 R 2 R in Weinrot, 2 R in Marine im Wechsel str, dafür nach jeder 2 R (Rückr.) die Fb wechseln.
Anschließend in Marine noch einmal 30 R str. In der letzten R alle M abk.

Fertigstellen

Alle Fäden vernähen. Um einen Schwamm zu erhalten, wie folgt weiterarb: Das Strickstück mit der rechten Seite in Strickrichtung vor sich hinlegen. Der erste Teil in Weinrot zeigt nach unten, der dritte Teil in Marine nach oben. Den Teil in Weinrot über den gestreiften Teil nach oben klappen. Den Teil Marine nach unten über den Teil in Weinrot klappen. Nun mit der Häkelnadel rechts und links jeweils durch die Rdm aller drei Teile stechen und diese mit Km zusammenhäkeln.
Die restlichen Fäden vernähen und den Schwamm auf rechts drehen. Dadurch verschwinden die seitlichen Nähte. Den Schwamm etwas in Form ziehen.

Mein Tipp für Sie

Befüllbar Dieses Modell eignet sich auch gut als Seifensäckchen.

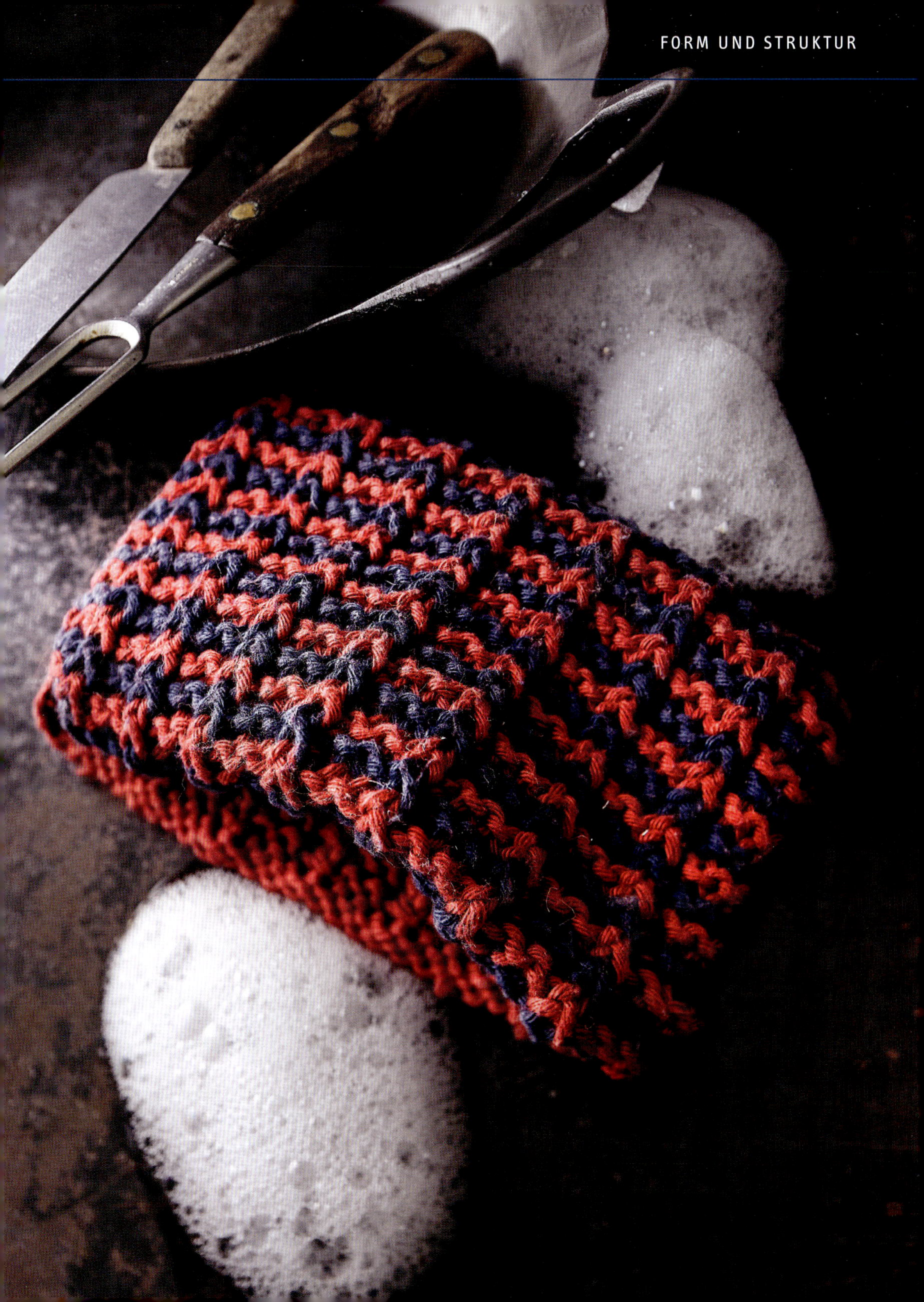

Sechseck

Rippen in Form

GRÖSSE
18 cm x 18 cm

MATERIAL
- Buttinette Woll Butt Topflappengarn (LL 85 m/50 g) in Weinrot (Fb 99.132.73), 50 g
- Rundstricknadel 3 mm, 50 - 60 cm lang
- Häkelnadel 3 mm
- Wollnadel

MASCHENPROBE
Im Rippenmuster mit Nd 3,0 mm
26 M und 28 R R
= 10 cm x 10 cm

Randmaschen

Die Rdm als Kettrand str (siehe „So wird's gemacht").

Anleitung

24 M in Weinrot anschl. Die angegebenen Rdm durchgehend als Kettrand str. Wie folgt im Rippenmuster str und zunehmen.
1. R (Hinr): Rdm, * 2 M rechts, 1 M rechts verschränkt, 1 M links, ab * fortlaufend wdh, enden mit 2 M rechts, 1 U, Rdm (= 25 M).
2. R (Rückr): Rdm, den U rechts verschränkt str, * 2 M rechts, 1 M rechts verschränkt, 1 M links, ab * fortlaufend wdh, enden mit 2 M rechts, 1 U, Rdm (= 26 M).
3. R (Hinr): Rdm, den U rechts verschränkt str, * 2 M rechts, 1 M rechts verschränkt, 1 M links, ab * fortlaufend wdh, enden mit 2 M rechts, 1 rechts verschränkt, 1 U, Rdm (= 27 M).
4. R (Rückr): Rdm, den U rechts verschränkt str, 1 M links, * 2 M rechts, 1 M rechts verschränkt, 1 M links, ab * fortlaufend wdh, enden mit 2 M rechts, 1 rechts verschränkt, 1 U, Rdm (= 28 M).
5. R (Hinr): Rdm, den U rechts verschränkt str, 1 M links, * 2 M rechts, 1 M rechts verschränkt, 1 M links, ab * fortlaufend wdh, 1 U, Rdm (= 29 M).
6. R (Rückr): Rdm, den U rechts verschränkt str, 1 M rechts verschränkt, 1 M links, * 2 M rechts, 1 M rechts verschränkt, 1 M links, ab * fortlaufend wdh, 1 U, Rdm (= 30 M).
7. R (Hinr): Rdm, den U rechts verschränkt str, 1 M rechts verschränkt, 1 M links, * 2 M rechts, 1 M rechts verschränkt, 1 M links, ab * fortlaufend wdh, enden mit 1 M rechts, 1 U, Rdm (= 31 M).
8. R (Rückr): Rdm, den U rechts verschränkt str, 1 M rechts, 1 M rechts verschränkt, 1 M links, * 2 M rechts, 1 M rechts verschränkt, 1 M links, ab * fortlaufend wdh, enden mit 1 M rechts, 1 U, Rdm (= 32 M).
Auf diese Weise weiterarb, bis 42 M auf der Nd liegen. Dabei darauf achten, dass sich die zugenommenen M jeweils ins Muster einfügen.
In der folgenden Hinr (19. R) den U noch einmal verschränkt str (= 42 M). Nun ohne Zunahmen wie folgt weiterarb.
20. R (Rückr): Rdm, * 2 M rechts, 1 M rechts verschränkt, 1 M links, ab * fortlaufend wdh, Rdm.
Die 20. R noch 13x wdh.
Nun in jeder R die letzten beiden M vor der Rdm mustergemäß zusammenstr. So weiterarb, bis noch 24 M auf der Nd liegen. In der folgenden R alle M abk.

Fertigstellen

Alle Fäden vernähen. Das Tuch in Form bringen, spannen oder bügeln.

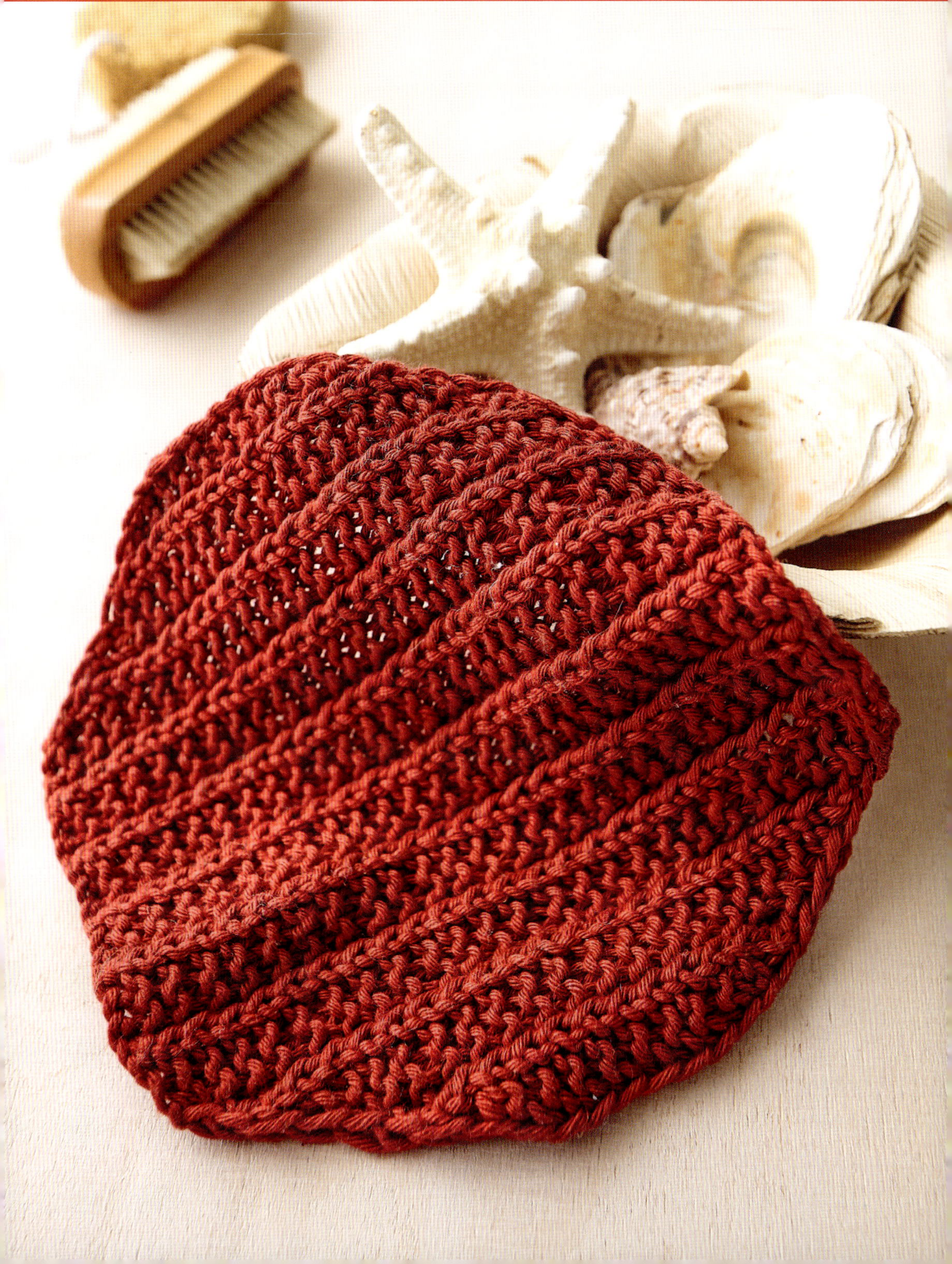

Der kontrastfarbene Kordelrand passt in seiner gewölbten Form perfekt zum Muster und sorgt für einen tollen Blickfang.

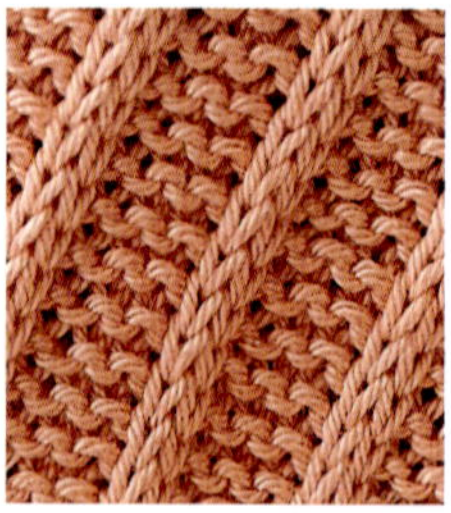
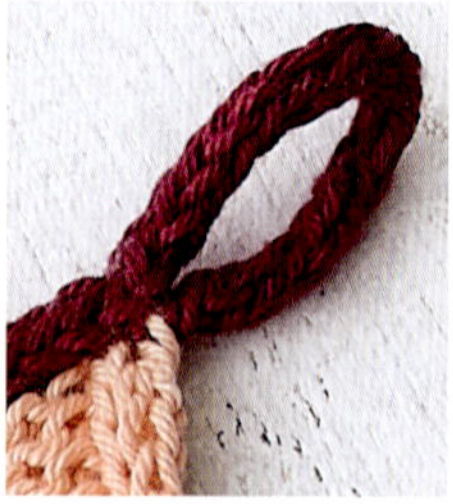
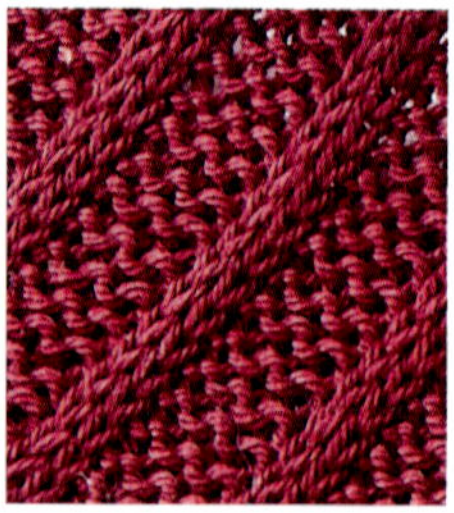

In Reih und Glied

mit Streifenstruktur

GRÖSSE
23 cm x 30 cm

MATERIAL
- Lang Yarns Quattro (LL 120 m/50 g) in Brombeer (Fb 66) und Koralle (Fb 29), je 50 g
- Rundstricknadel 3,0 mm, 50-60 cm lang
- 2 Nadelspielnadeln 3,0 mm
- Wollnadel

MASCHENPROBE
Im Längsstreifenmuster mit Nd 3,0 mm 23 M und 46 R = 10 cm x 10 cm

Randmaschen

Die Rdm als Patentrand über die jeweils äußeren 3 M str (siehe „So wird's gemacht").

Längsstreifenmuster

1. R (Hinr): Alle M rechts str.
2. R (Rückr): * 3 M rechts, 2 M wie zum Linksstr abheben, dabei den Faden jeweils vor der M weiterführen, ab * fortlaufend wdh, enden mit 3 M rechts.
Die 1. und 2. R fortlaufend wdh.

Anleitung

59 M in Brombeere anschl und wie folgt im Längsstreifenmuster str:
1. R (Hinr): 3 M Patentrand, alle M rechts str, 3 M Patentrand.
2. R (Rückr): 3 M Patentrand, * 3 M rechts, 2 M wie zum Linksstr abheben, dabei den Faden jeweils vor der M weiterführen, ab * fortlaufend wdh, enden mit 3 M rechts, 3 M Patentrand.
Die 1. und 2. R 60x wdh. Es sind nun 122 R gestrickt.
Zu Koralle wechseln und wie folgt str:
123. R (Hinr): 3 M Patentrand, alle M rechts str, 3 M Patentrand. Am Ende der R für den Kordelrand 3 M zusätzlich anschl.
In der folgenden R (Rückr) mit einem Kordelrand abk (siehe „So wird's gemacht"), bis noch 3 M auf der linken Nd liegen. Mit den restlichen 3 M für den Aufhänger eine Kordel von 20 R str (siehe „So wird's gemacht") und an das Tuch nähen.

Fertigstellen

Alle Fäden vernähen. Das Tuch spannen, um es in Form zu bringen, ggf. dabei etwas anfeuchten.

Hinweis: Die Garnmenge ist für zwei Spültücher angegeben. Soll nur ein Tuch gestrickt werden, reichen 50 g in der Hauptfarbe und ein Rest in Kontrastfarbe für den Kordelrand.

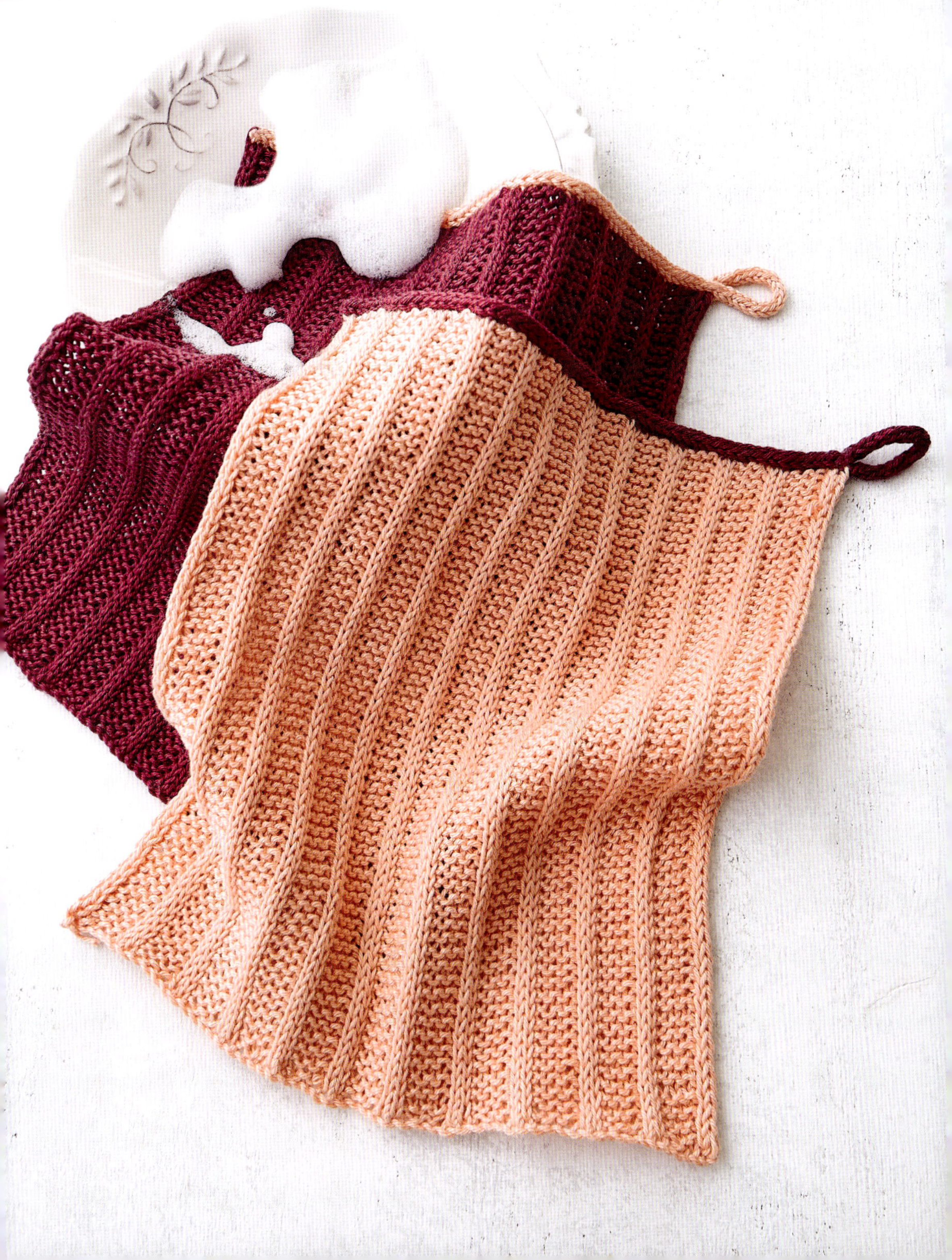

Richtungswechsel

versetzt mit Krausrippen

GRÖSSE
23 cm x 23 cm

MATERIAL
- Lana Grossa Soft Cotton Big (LL 80 m/50 g) in Apricot (Fb 08) und Anthrazit (Fb 29), je 50 g
- Rundstricknadel 4,0 mm, 50-60 cm lang
- 2 Nadelspielnadeln 4,0 mm
- Wollnadel

MASCHENPROBE
Im Krausrippenmuster mit Nd 4,0 mm
17 M und 33 R
= 10 cm x 10 cm

Krausrippenmuster

Hinweis: Die Rdm sind im Muster enthalten.

1. R (Hinr): 4 M rechts, 4 M links im Wechsel str, enden mit 4 M rechts.
2. R (Rückr): Wie die 1. R str.
Die 1. und 2. R fortlaufend wdh.

Farbfolge

2 R Apricot, 2 R Anthrazit im Wechsel str.

Anleitung

20 M in Aprikot anschl und 72 R im Krausrippenmuster in der Farbfolge str. In der letzten R (Rückr) die M abk.
Das Strickstück nach rechts drehen und aus dem linken Rand in Apricot 36 M auffassen. 33 R einfarbig im Muster str, dabei mit einer Rückr beginnen. Am Ende der letzten R (34. R) für den Kordelrand 3 M zusätzlich anschl und mit einem Kordelrand abk (siehe „So wird's gemacht"). Anschließend an den drei übrigen Seiten einen Kordelrand anstr (siehe „So wird's gemacht"). Mit den restlichen 3 M für den Aufhänger eine Kordel str (siehe „So wird's gemacht") und an das Tuch nähen.

Fertigstellen

Alle Fäden vernähen. Das Tuch spannen, um es in Form zu bringen, ggf. dabei etwas anfeuchten.

Mein Tipp für Sie

Nützliche Reste Aus dem übrigen Garn lassen sich noch drei Minispültücher stricken. Dafür 20 Maschen anschlagen und 36 Reihen im Muster stricken, wahlweise ein- oder mehrfarbig. Werden zwei davon übereinandergelegt und wie beim „Herzchen" auf Seite 36 mit einem Kordelrand zusammengestrickt, ergibt sich dabei ein kleiner Schwamm.

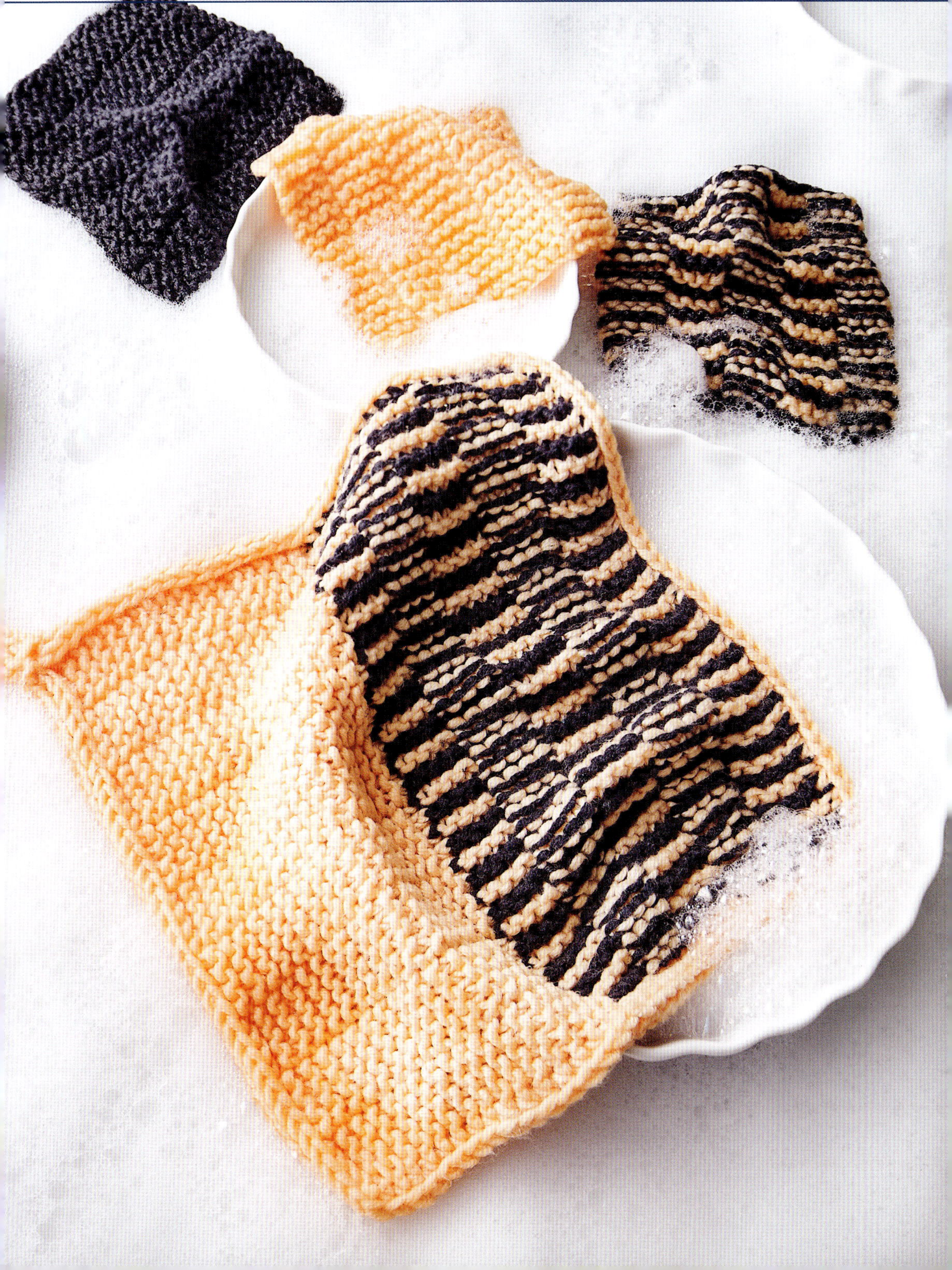

Salz und Pfeffer

dreifarbiges Perlmuster

GRÖSSE
26 cm x 25 cm

MATERIAL
- Buttinette Woll Butt Topflappengarn (LL 85 m/50 g) in Grau (Fb 99.132.74), Altrosa (Fb 99.142.22) und Beige (Fb 99.132.69), je 25 g
- Rundstricknadel 3,0 mm, 50-60 cm lang
- Wollnadel

MASCHENPROBE
Im kleinen Perlmuster mit Nd 3,0 mm und einer Fb 19 M und 32 R = 10 cm x 10 cm

Kleines Perlmuster

1. R: 1 M rechts, 1 M links im Wechsel str.
2. R: 1 M links, 1 M rechts im Wechsel str.
Die 1. und 2. R fortlaufend wdh.

Anleitung

Hinweis: Es wird im kleinen Perlmuster gearbeitet. Dabei werden zunächst 3 Hinr (jede in einer anderen Fb) und anschließend 3 Rückr (jede in einer anderen Fb) gestrickt. Die Rdm sind im Muster enthalten.

49 M in Grau anschl und zunächst 1 R linke M str.
Zu Natur wechseln und nun wie folgt arb:
1. R (Hinr): 1 M rechts, 1 M links im Wechsel str.
Nicht wenden, sondern die M von der linken Nd-Spitze wieder zurück an die rechte Nd-Spitze schieben und eine weitere Hinr wie folgt in Altrosa str.
2. R (Hinr): 1 M links, 1 M rechts im Wechsel str.
Nicht wenden, sondern die M von der linken Nd-Spitze wieder zurück an die rechte Nd-Spitze schieben und eine weitere Hinr wie folgt in Grau str.
3. R (Hinr): 1 M rechts, 1 M links im Wechsel str.
Nun die Arbeit wenden, zu Natur wechseln und wie folgt eine Rückr str.
4. R (Rückr): 1 M rechts, 1 M links im Wechsel str.
Nicht wenden, sondern die M von der linken Nd-Spitze wieder zurück an die rechte Nd-Spitze schieben und eine weitere Rückr wie folgt in Altrosa str.
5. R (Rückr): 1 M links, 1 M rechts im Wechsel str.
Nicht wenden, sondern die M von der linken Nd-Spitze wieder zurück an die rechte Nd-Spitze schieben und eine dritte Rückr wie folgt in Fb Grau str.
6. R (Rückr): 1 M rechts, 1 M links im Wechsel str.
Die 1.-6. R noch 11x wdh, dabei in der gleichen Farbfolge arb.
Anschließend 1 R rechte M in Grau str. In der folgenden R alle M abk.

Fertigstellen

Alle Fäden vernähen. Das Tuch in Form bringen, spannen oder bügeln.

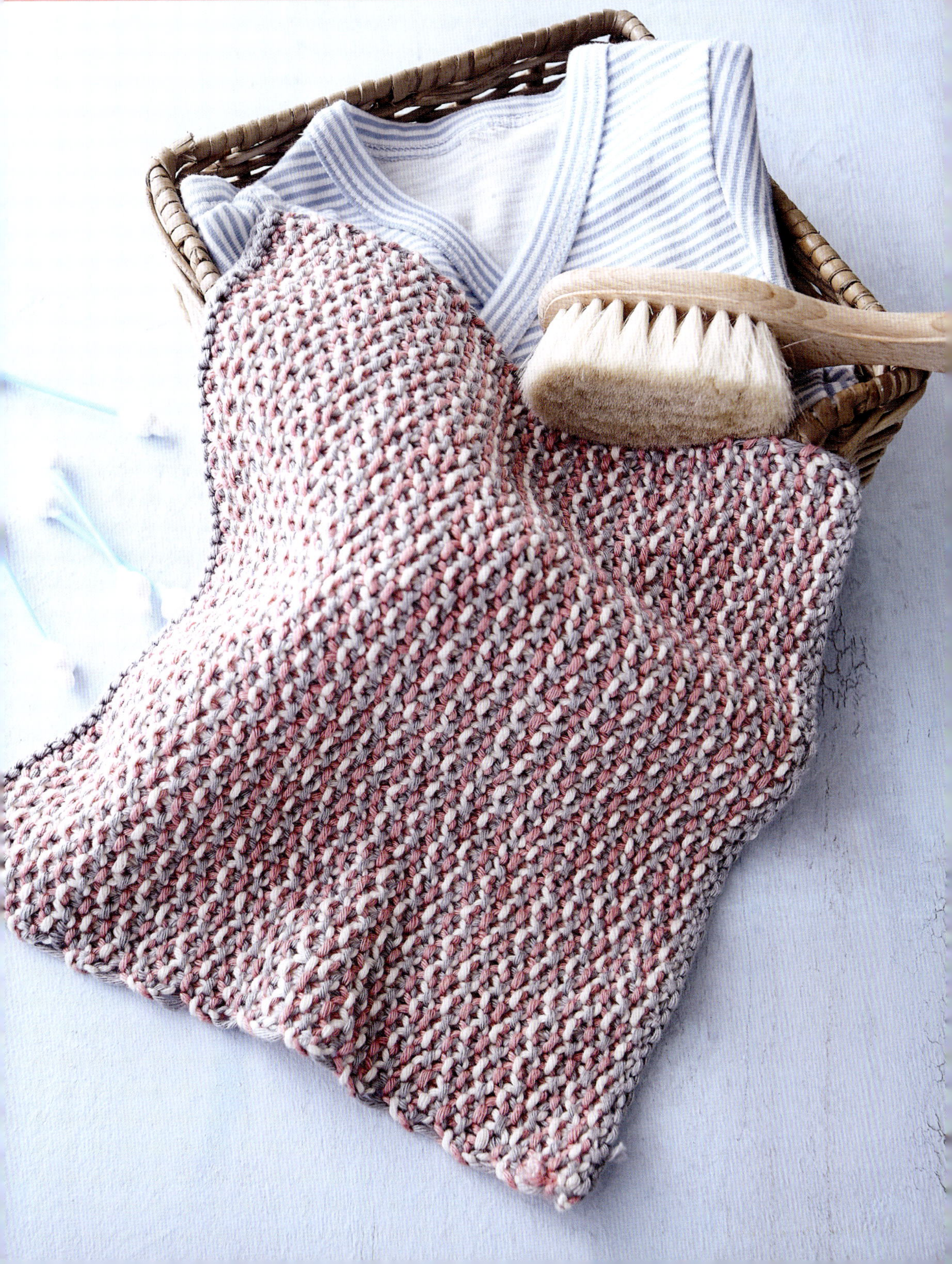

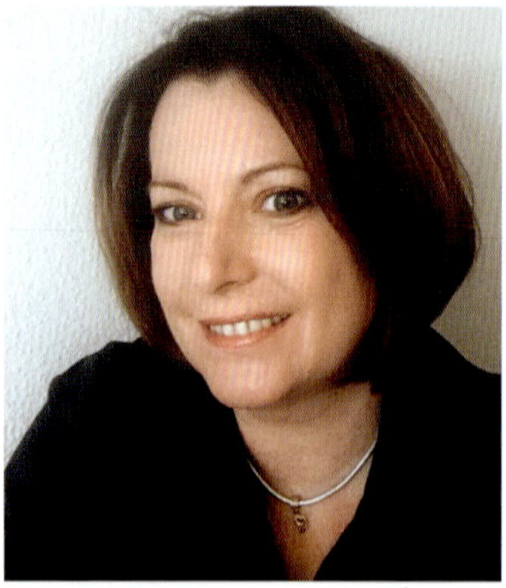

Sandra Fischer, auch bekannt unter ihrem Label StrickFisch ist eine leidenschaftliche Strickerin, die bereits im Kindesalter das Stricken lernte.
Seit 2014 zeigt sie regelmäßig auf ihrem Blog (www.strickfisch.com) neue Strickideen, stellt Garne und Fasern vor und verrät Tipps und Tricks rund um das Thema Stricken. Dort erkennt man sofort ihre Begeisterung für hochwertige Garne, aus denen sie praktische Strickdesigns entwirft.

DANKE!

Wir danken folgenden Firmen für die Unterstützung bei diesem Buch:
Buttinette GmbH
(www.buttinette.de)
LANA GROSSA
(www.lana-grossa.de)
LANGYARNS
(www.langyarns.com)
MEZ GmbH
(www.schachenmayr.com, www.mezcrafts.com)

TOPP – Unsere Servicegarantie

WIR SIND FÜR SIE DA! Bei Fragen zu unserem umfangreichen Programm oder Anregungen freuen wir uns über Ihren Anruf oder Ihre Post. Loben Sie uns, aber scheuen Sie sich auch nicht, Ihre Kritik mitzuteilen – sie hilft uns, ständig besser zu werden.

Bei Fragen zu einzelnen Materialien oder Techniken wenden Sie sich bitte an unseren Kreativservice, Frau Erika Noll.

mail@kreativ-service.info
Telefon 0711/12 37 57 20

Das Produktmanagement erreichen Sie unter:

pm@frechverlag.de
oder:
frechverlag
Produktmanagement
Turbinenstraße 7
70499 Stuttgart
Telefon 07 11 / 8 30 86 68

LERNEN SIE UNS BESSER KENNEN! Fragen Sie Ihren Hobbyfach- oder Buchhändler nach unserem kostenlosen Magazin **Meine kreative Welt**. Darin entdecken Sie dreimal im Jahr die neuesten Kreativtrends und interessantesten Buchneuheiten.

Oder besuchen Sie uns im Internet! Unter **www.topp-kreativ.de** können Sie sich über unser umfangreiches Buchprogramm informieren, unsere Autoren kennenlernen sowie aktuelle Highlights und neue Kreativtechniken entdecken, kurz – die ganze Welt der Kreativität.

Kreativ immer up to date sind Sie mit unserem monatlichen **Newsletter**. Für aktuelle Infos, Gratis-Anleitungen und Gewinnspiele gleich anmelden unter **www.TOPP-kreativ.de/Newsletter**

IMPRESSUM

FOTOS: frechverlag GmbH, 70499 Stuttgart; Sandra Fischer (Schrittfotos Klappen), lichtpunkt, Michael Ruder, Stuttgart (alle übrigen)
PRODUKTMANAGEMENT: Lisa-Marie Weigel
LEKTORAT: Regina Sidabras, Berlin
GESTALTUNG: Petra Theilfarth
DRUCK: Finidr s.r.o., Tschechische Republik

3. Auflage 2021

ISBN 978-3-7724-6856-8 • Best.-Nr. 6856